HENRI J. M. NOUWEN

# In ihm
# das Leben finden

## Einübungen

Herder
Freiburg · Basel · Wien

Titel der Originalwerke:
*Making All Things New* (1. Teil)
© Harper & Row, Publishers, New York 1981
*Out of Solitude* (2. Teil)
© Ave Maria Press, Notre Dame, Indiana 1974

*Anmerkung zur deutschen Ausgabe:* In diesem Band sind die beiden, im amerikanischen Original selbständig erschienenen Publikationen „Making All Things New" und „Out of Solitude. Three Meditations on the Christian Life" als *Einladung* und *Hinführung* zu geistlichem Leben (1. Teil) wie auch zu dessen *Vertiefung* und zur *Einübung* darin (2. Teil) zusammengefaßt.

DEUTSCHE ÜBERSETZUNG
VON BERNARDIN SCHELLENBERGER

Foto des Umschlagbildes: Dr. H. Oidtmann, Linnich

DRITTE AUFLAGE

# Vorwort

In den letzten Jahren haben mir verschiedene Freunde die Frage gestellt: „Was meinst du eigentlich damit, wenn du vom *geistlichen Leben* sprichst?" Jedesmal, wenn diese Frage aufgetaucht ist, kam mir der Gedanke, es müßte jetzt sehr hilfreich sein, ein kleines, einfaches Buch zur Hand zu haben, das den Einstieg zu einer Antwort böte. Es liegen zwar bereits viele ausgezeichnete Publikationen über das geistliche Leben vor, aber ich hatte den Eindruck, daß da doch eine Lücke bestand: Es müßte ein Text greifbar sein, der in kurzer Zeit Auskunft darüber zu geben vermag, was das ist, das *geistliche Leben,* und der zudem das Verlangen nach diesem Leben wecken sollte.

Dieser Eindruck hat mich bewogen, die folgenden Seiten zu schreiben. Viele der hier ausgeführten Gedanken sind schon vor mir von anderen genausogut dargelegt worden. Dennoch hoffe und bete ich, sie hier so zusammengeknüpft zu haben, daß sie allen hilfreich sind, die sich „vollgestopft, aber doch unerfüllt" fühlen, und daß sie ihnen zur wirklichen *Einübung* dafür werden, *in ihm, das Leben zu finden.*

*Henri J. M. Nouwen*

# Inhalt

## ERSTER TEIL
## ALLES WIRD NEU GESCHAFFEN

ZWEITER TEIL
AUS DEM ALLEINSEIN FÜR ANDERE
DA SEIN VOLLER ERWARTUNG

# Erster Teil

## Alles wird neu geschaffen

.

# Einführung

In diesem Buch möchte ich erschließen, was das bedeutet: ein geistliches Leben führen. Und ich möchte zeigen, wie man das im Alltag verwirklicht.

Mitten in unserem ruhelosen und hektischen Leben stellen wir uns zuweilen Fragen wie die folgenden: „Wozu bin ich eigentlich in meinem Leben berufen?" „Wo kann mein Geist so zur Ruhe kommen, daß er die Stimme Gottes hören und daß er erkennen kann, wozu sie mich ruft?" „Wer kann mich durch das innere Labyrinth meiner Gedanken, Empfindungen und Gefühle führen?" Diese und viele ähnliche Fragen sind der Ausdruck tiefer Sehnsucht nach einem geistlichen Leben, und zugleich das Zeichen einer großen Unklarheit darüber, was das bedeutet und wie man es in die Praxis umsetzen kann.

Ich habe dieses Buch in erster Linie für Menschen geschrieben, die vom Wunsch beseelt sind, tiefer in das geistliche Leben vorzudringen, aber nicht recht wissen, in welcher Richtung sie sich auf den Weg machen sollen. Diese Menschen „wissen" alles, was mit Christus zusammenhängt, und es ist ihr tiefstes Anliegen, dieses Wissen aus ihrem Kopf in ihr Herz vordringen zu lassen. Sie spüren verschwommen, daß eine solche „Herzenskenntnis" ihnen nicht nur einen neuen Sinn dafür geben könnte, wer sie sind, sondern daß sie auch alles in ihrer Umgebung neu schaffen könnte. Aber diese Menschen empfinden zugleich, daß etwas in ihnen zögert und sich scheut, sich auf diesen Weg einzulassen, den keine Landkarte genau angibt. Sie stellen sich oft die Frage, ob sie sich nicht selbst an der Nase herumführen. Ich hoffe, daß ihnen dieses kleine Buch etwas Ermutigung und Wegweisung bietet.

Aber ich möchte mich zugleich, wenn auch indirekt, an die vielen wenden, denen alles, was das Christentum beinhaltet, nicht vertraut, ja fremd ist und die dennoch grundsätzlich auf der Suche nach geistlicher Freiheit sind. Ich hoffe, daß das, was ich hier für Christen geschrieben habe, so formuliert ist, daß es anderen genug Raum läßt, um zu entdecken, daß hier Ankerplätze für ihre eigene Suche nach einer geistlichen Heimat liegen könnten. Dieses Buch kann nur dann wirklich ein Buch für Christen sein, wenn es sich zugleich an jene wendet, deren viele Fragen um den Sinn des Lebens noch ohne Antwort geblieben sind. Das echte geistliche Leben setzt an der tatsächlichen Verfassung des Menschen an, die allen Menschen gemeinsam ist, mögen sie Christen sein oder nicht.

Als Anknüpfungspunkt habe ich Jesu Worte „Sorgt euch nicht" (Mt 6,31) gewählt. Das Sorgen ist derart zum festen Bestandteil und Gepäck unseres tagtäglichen Lebens geworden, daß wir den Ein-

druck haben, ein sorgenfreies Leben sei nicht nur
unmöglich, sondern sogar fragwürdig. Wir haben
den leisen Verdacht, ein sorgloses Leben sei ein un-
realistisches und, schlimmer noch, ein gefährliches
Leben. Unsere Sorgen spornen uns an, uns mit aller Kraft in die Arbeit zu knien, uns für die Zukunft
vorzusehen und uns gegen alle möglichen drohen-
den Angriffe zu wappnen. Aber Jesus sagt: „Sorgt
euch nicht und sagt nicht: Was werden wir essen?
Oder: Was werden wir trinken? Oder: Was werden
wir anziehen? ... Euer himmlischer Vater weiß ja,
daß ihr das alles braucht. Sucht vielmehr zuerst
sein Reich ..., und all das wird euch dreingegeben
werden" (Mt 6, 31–33).

Mit diesem radikalen und „unrealistischen" Rat
weist Jesus darauf hin, daß es möglich ist, ein Leben ohne Sorgen zu führen, ein Leben, in dem alles
neu wird. Da ich versuchen möchte, jenes geistliche Leben zu beschreiben, in dem der Geist Gottes
uns als wirklich freie Menschen neu erschaffen
kann, habe ich diesem Buch in der amerikanischen
Originalausgabe den Titel „Making All Things New
– Alles wird neu erschaffen" gegeben.

Meine Überlegungen habe ich in drei Teile ge-
gliedert. Im ersten Teil möchte ich erörtern, welch
verheerende Folgen das Sorgen für unser Alltagsleben hat. Im zweiten Teil möchte ich zeigen, wie Jesus unseren lähmenden Sorgen begegnet, indem er
uns ein neues Leben anbietet, ein Leben, in dem
der Geist Gottes alles um uns herum neu erschaffen kann. Und im dritten Teil schließlich möchte

ich einige wesentliche Grundsätze nennen, die uns helfen können, uns nach und nach aus dem lähmenden Griff unserer Sorgen zu lösen, damit der Geist Gottes sein Werk der Neuerschaffung an uns in Angriff nehmen kann.

# I

# „Es gibt so viel zu tun"

## *Einstieg*

Das geistliche Leben ist nicht ein Leben vor, nach oder hinter unserem Alltagsleben. Nein, das geistliche Leben kann sich nur dann wirklich entfalten, wenn es mitten in den Schmerzen und Freuden des Hier und Jetzt gelebt wird. Darum müssen wir zunächst sorgfältig in Augenschein nehmen, mit welcher Einstellung wir von Stunde zu Stunde, von Tag zu Tag, von Woche zu Woche, von Jahr zu Jahr denken, sprechen, empfinden und handeln. So kann uns deutlicher aufgehen, wie groß unser Hunger nach dem Geist ist. Solange wir nur ein verschwommenes Gefühl innerer Unzufriedenheit mit unserer gegenwärtigen Lebensart haben, und solange uns nur vage der Wunsch nach „geistlichen Dingen" beschäftigt, wird unser Leben weiterhin in einer melancholischen Grundstimmung festgefahren bleiben. Wir sagen oft: „Ich bin nicht recht glücklich. Ich bin unzufrieden damit, wie mein Leben abläuft. Ich bin nicht wirklich froh und in Frieden. Aber ich weiß auch nicht, wie alles anders sein könnte, und ich vermute, ich müßte realistisch sein und mein Leben annehmen, wie es ist." Diese resignierte Stimmung ist daran schuld, daß wir nicht aktiv nach dem Leben aus dem Geist suchen.

Unsere erste Aufgabe besteht darin, dieses verschwommene, trübe Grundgefühl der Unzufriedenheit in seine Bestandteile zu zerlegen. Wir müssen kritisch unter die Lupe nehmen, in welchem Stil wir unser Leben führen. Das setzt Ehrlichkeit, Mut und Vertrauen voraus. Wir müssen ehrlich und mutig unsere vielen Possen ins Auge fassen und entlarven, mit denen wir uns ständig selbst an der Nase herumführen. Wir müssen darauf vertrauen, daß uns unsere Ehrlichkeit und unser Mut nicht in die Verzweiflung, sondern in einen neuen Himmel und in eine neue Erde führen.

Mehr noch als die Menschen in den Tagen Jesu kann man uns Menschen der „modernen Zeit" als Menschen voller Sorgen bezeichnen. Aber in welchen Formen kommt unser heutiges Sorgen zum Ausdruck? Nachdem ich kritisch mein eigenes Leben und das Leben der Menschen in meiner Umgebung betrachtet habe, sind mir zwei Worte in den Sinn gekommen, mit denen sich unsere Lage beschreiben läßt: vollgestopft und unerfüllt.

## Vollgestopft

Eines der auffälligsten Merkmale unseres Alltagslebens ist der Umstand, daß wir voller Betriebsamkeit sind. Wir erleben, daß alle unsere Tage randvoll gestopft sind mit Dingen, die es zu tun gibt,

mit Menschen, die wir sprechen müssen, mit Vorhaben, die wir ausführen, mit Briefen, die wir
schreiben, mit Anrufen, die wir tätigen, mit Verab-
redungen, die wir einhalten müssen. Unser Leben
ist oft wie ein zu voll gepackter Koffer, der aus den
Nähten zu platzen droht. Fast immer haben wir den
Eindruck, hinter dem zurückzubleiben, was wir eigentlich leisten müßten. Ständig bedrängt uns das
Gefühl, daß wir Aufgaben unerledigt, Versprechen
nicht eingelöst, Vorsätze nicht ausgeführt haben.
Immer gibt es noch etwas, an das wir hätten denken, das wir hätten tun oder sagen müssen. Eine
ganze Reihe Leute warten noch darauf, daß wir mit
ihnen sprechen, ihnen schreiben, sie besuchen. So
laufen wir zwar ständig auf Hochtouren, und doch
schwelt in uns unausrottbar das Gefühl, daß wir nie
alle unsere Pflichten erfüllen.

Das Merkwürdige ist nun, daß es uns allen sehr
schwerfällt, nicht voll ausgelastet zu sein. Voll ausgelastet zu sein ist ein Statussymbol geworden. Die
Menschen erwarten, daß das bei uns so ist und daß
wir selbstverständlich tausend Dinge im Kopf haben. Eine ständig wiederkehrende Redewendung
unserer Freunde ist: „Ich weiß, du hast wieder viel
zu tun", und sie verstehen das als Kompliment. Sie
bestätigen die allgemeine Auffassung, es sei gut,
viel zu tun zu haben. Wer nicht weiß, was er in der
allernächsten Zeit zu tun hat, versetzt seine
Freunde in Nervosität. Viel zu tun zu haben scheint
oft das gleiche zu bedeuten wie: ein wichtiger
Mensch zu sein. Recht viele Anrufe beginnen mit

der Redewendung: „Ich weiß, Sie haben viel zu tun. Aber hätten Sie eine Minute Zeit für mich?", und dahinter steckt die Auffassung, eine Minute, die ein Mensch mit überfülltem Terminkalender gewährt, sei mehr wert als eine ganze Stunde, die jemand aufbringt, der nicht viel zu tun hat.

In unserer auf Leistung getrimmten Gesellschaft sind die Geschäftigkeit und der Umstand, etwas zu tun zu haben, zu einem der wichtigsten Mittel, wenn nicht zum *Haupt*mittel dafür geworden, um unsere eigene Identität aufzubauen. Wenn wir nicht beschäftigt sind, ist nicht nur unsere wirtschaftliche Sicherheit, sondern auch diese Identität in Gefahr. Das ist der Grund dafür, weshalb so viele Menschen dem Zeitpunkt ihrer Pensionierung mit Bangen entgegensehen. Denn wer sind wir noch, wenn wir keine Beschäftigung mehr haben?

Mehr noch als unsere Beschäftigungen halten uns unsere Sorgen um die Zukunft in ihrem würgenden Griff. Wenn wir ängstlich voraussorgen, stopfen wir unsere Zeit und unseren Raum schon im vorhinein voll, lange ehe wir darin ankommen. Das ängstliche Voraussorgen füllt unseren Kopf mit lauter „Wenn" an: „Was soll ich tun, wenn ich die Grippe bekomme? Wenn ich meine Stelle verliere? Wenn mein Kind nicht rechtzeitig heimkommt? Wenn wir morgen nicht genug zu essen haben? Wenn ich überfallen werde? Wenn ein Krieg ausbricht? Wenn die Welt untergeht? Wenn ...?"

Alle diese „Wenn" schwirren in unserem Kopf

herum und machen uns Angst; ständig fragen wir uns, was wir tun oder sagen sollen, wenn das und das in Bälde passieren sollte. Vieles, wenn nicht das meiste, das uns belastet, hat mit diesen Sorgen zu tun. Die Möglichkeit, daß uns etwas beruflich in die Quere kommen könnte, daß es in der Familie Schwierigkeiten geben, daß jemand krank werden, daß eine Katastrophe hereinbrechen, daß es zu einem furchtbaren Atomkrieg kommen könnte – all das beklemmt uns, ängstigt uns, macht uns mißtrauisch, selbstsüchtig, nervös und mürrisch. Es läßt uns nicht zu der Erfahrung vorstoßen, im Innern wirklich freie Menschen zu sein. Weil wir stets auf etwas Bedrohliches gefaßt sind, überlassen wir uns selten mit vorbehaltlosem Vertrauen dem gegenwärtigen Augenblick. Man kann ohne Übertreibung sagen, daß für dieses angstvolle Voraussorgen sehr viel menschliche Energie verbraucht wird. In unserem Leben als einzelne wie als Gemeinschaft schwingen die Sorgen um den morgigen Tag ständig derart stark mit, daß wir kaum einmal den heutigen Tag voll in sich selbst auskosten.

Unsere Gesellschaft fördert nicht nur den Zustand, daß wir unablässig beschäftigt sind, sondern sie sorgt auch dafür, daß wir uns ständig Sorgen um die Zukunft machen. Zeitungen, Rundfunk und Fernsehen servieren uns ihre Meldungen in einer Aufmachung, die uns das Gefühl gibt, ständig in einer akuten Notlage zu leben. Die erregten Stimmen der Reporter, ihre Vorliebe für schaurige

Unfälle, grausame Verbrechen und perverses Verhalten, die stündliche Berichterstattung über menschliches Elend zu Hause und anderswo flößen uns nach und nach das alles durchdringende Gefühl ein, uns stehe unausweichlich das Verhängnis bevor. Dazu rollt noch pausenlos über alle diese schlimmen Nachrichten die Lawine der Werbung. Unbarmherzig hämmert sie uns unablässig ein, uns entgehe Wesentliches, wenn wir nicht dieses Buch lesen, jenen Film sehen, den und den Vortrag hören und das und das neue Produkt kaufen. Sie steigert damit noch unsere innere Unruhe und fügt zu unseren bereits vorhandenen Sorgen noch eine Anzahl künstlicher Sorgen hinzu. Der Eindruck drängt sich auf, unsere Gesellschaft sei darauf angewiesen, daß all diese künstlichen Sorgen und Bedürfnisse aufrechterhalten werden. Was würde passieren, wenn wir plötzlich keine Sorgen und Bedürfnisse mehr hätten? Könnte unsere Gesellschaftsordnung, wie sie heute beschaffen ist, überhaupt noch weiter funktionieren, wenn unser Verhalten plötzlich nicht mehr bestimmt wäre von der Sucht nach soviel Zerstreuung, nach soviel Reisen, nach so vielen Dingen, die wir unbedingt kaufen müssen, nach einer derartigen Rüstung?

Es ist tragisch, daß wir uns tatsächlich in einem Geflecht falscher Erwartungen und selbsterfundener Bedürfnisse verheddert haben. Unsere vielen Beschäftigungen und Sorgen füllen unser äußeres und inneres Leben bis an den obersten Rand. Sie versperren uns für den Geist Gottes, so daß er uns nicht durchwehen und unser Leben neu schaffen kann.

## Unerfüllt

In einer Schicht unterhalb unseres randvoll mit Sorgen ausgefüllten Lebens spielt sich allerdings noch etwas anderes ab. Wir haben zwar tausend Dinge im Kopf und im Herzen, und ständig bedrängen uns Fragen, wie wir den Erwartungen entsprechen können, die wir selbst und andere an uns stellen, aber zugleich fühlen wir uns im tiefsten unerfüllt. Wir sind mit zahllosen Aufgaben beschäftigt und sind ihretwegen voller Sorgen, und doch empfinden wir selten wirkliche Zufriedenheit, echten Frieden, wahre Geborgenheit. Im Untergeschoß unseres vollgestopften Lebens rumort das Gefühl, unerfüllt zu sein. Überprüft man diese Erfahrung der Unerfülltheit etwas genauer, so lassen sich darin verschiedene Empfindungen ausmachen. Die bezeichnendsten von ihnen sind: Langeweile, Groll und Niedergeschlagenheit.

Die Langeweile deutet darauf hin, daß wir keine echte innere Beziehung zu den Dingen haben, die uns ausfüllen. Während uns alles Mögliche beschäftigt, stellen wir uns die Frage, ob das, was wir tun, überhaupt von Belang ist. Unser Leben kommt uns wie eine willkürliche Ansammlung einzelner Tätigkeiten und Ereignisse vor, die innerlich nichts miteinander zu tun haben und die wir kaum oder

gar nicht selbst bestimmen können. Unter Langeweile zu leiden bedeutet deshalb nicht, nichts zu
tun zu haben, sondern es bedeutet: Sinn und Wert
dessen, was uns in Trab hält, in Frage stellen. Der
Grundwiderspruch in unserer Zeit ist, daß viele
von uns ungemein beschäftigt sind und sich zugleich schrecklich langweilen. Wir rennen von einem Ereignis zum anderen und fragen uns zutiefst,
ob sich wirklich irgend etwas Wesentliches abspielt. Während wir es kaum schaffen, allen unseren Aufgaben und Pflichten nachzukommen, sind
wir uns dessen gar nicht so sicher, ob sich etwas
Grundlegendes ändern würde, wenn wir alles bleiben ließen. Während uns die Leute nach allen Seiten zerren, plagt uns der Zweifel, ob wir tatsächlich
jemandem etwas Wesentliches bedeuten. Kurz:
Unser Leben ist vollgestopft, und zugleich fühlen
wir uns unerfüllt.

Die Langeweile hängt oft eng mit dem Groll zusammen. Wenn wir beschäftigt sind und uns dabei
fragen, ob unsere Geschäftigkeit irgend jemandem
etwas bedeutet, fühlen wir uns leicht ausgenützt,
manipuliert, ausgebeutet. Wir fangen an, uns selbst
als Opfer zu sehen, die herumkommandiert und zu
allen möglichen Arbeiten genötigt werden, und
zwar von Leuten, die uns als menschliche Wesen
nicht wirklich ernst nehmen. Dann beginnt sich ein
innerer Ärger zu entwickeln, ein Ärger, der sich
bald in unseren Herzen als ständig nagender Be-
wohner einnistet. Unser heißer Ärger kühlt nach
und nach zum kalten Ärger ab. Dieser „gefrorene

Ärger" ist jene Art Groll, die unsere Gesellschaft durch und durch vergiftet.

Aber jene Äußerung unserer Unerfülltheit, die uns am meisten schwächt, ist die Niedergeschlagenheit. Wenn sich bei uns allmählich das Gefühl, unser Dasein sei recht unerheblich, zur Vermutung steigert, den anderen wäre es wahrscheinlich am liebsten, wenn es uns gar nicht gäbe, so kann ein überwältigendes Schuldgefühl über uns hereinbrechen. Dieses Schuldgefühl bezieht sich auf keine konkrete Tat, sondern auf unser Leben an sich. Uns plagt das Schuldgefühl darüber, daß es uns überhaupt gibt. Die Erkenntnis, daß die Welt womöglich in besserer Verfassung wäre ohne den Fruchtsaft, den Körperspray oder das Atom-U-Boot, mit deren Herstellung wir die Arbeitsstunden unseres Lebens füllen, kann uns zu der verzweifelten Frage führen: „Ist mein Leben überhaupt lebenswert?" Deshalb ist es gar nicht so verwunderlich, daß sich Menschen, die von anderen ob ihrer Erfolge und Leistungen in den Himmel gehoben werden, oft sehr unerfüllt fühlen. Das kann sich so weit steigern, daß sie Selbstmord begehen.

Alle diese Gefühle: Langeweile, Groll und Niedergeschlagenheit sind Symptome einer inneren Beziehungslosigkeit. Sie zeigen, daß unsere lebendige Beziehung zum Leben zerbrochen ist. Sie wecken in uns das Empfinden, nicht eigentlich dazuzugehören. Im zwischenmenschlichen Bereich erfahren wir diese Beziehungslosigkeit als Einsamkeit. Wenn wir einsam sind, haben wir den Eindruck, isolierte Individuen zu sein, die vielleicht von vielen Menschen umgeben, aber nicht wirklich Teil einer Gemeinschaft sind, die sie stützt und prägt. Einsamkeit ist zweifellos eines der weitverbreitetsten Übel unserer Zeit. Diese Krankheit befällt nicht nur diejenigen, die zurückgezogen leben, sondern schleicht sich in die familiären, nachbarschaftlichen, schulischen und geschäftlichen Beziehungen ein. Sie macht nicht nur älteren Menschen schwer zu schaffen, sondern auch Kindern, Jugendlichen und Erwachsenen. Sie geistert nicht nur durch die Gefängnisse, sondern auch durch die Wohnungen und die Geschäfts- und Krankenhäuser. Daß diese Krankheit allgegenwärtig ist, erkennt man sogar daran, daß die Menschen auf den Straßen unserer Städte immer weniger miteinander zu tun haben. Aus dieser alles durchdringenden Einsamkeit heraus rufen viele: „Gibt es irgendeinen Menschen, der sich wirklich um mich kümmert? Gibt es irgend jemanden, der mir mein inneres Gefühl nehmen kann, isoliert zu sein? Gibt es jemanden, bei dem ich ganz zu Hause sein kann?"

Dieses lähmende Gefühl, von allen anderen abgetrennt zu sein, ist die innerste Ursache sehr vieler menschlicher Leiden. Wir können ein beträchtliches Maß an leiblicher und sogar seelischer Belastung ertragen, wenn wir wissen, daß wir dadurch Anteil an dem Leben erhalten, das wir gemeinsam in dieser Welt führen. Aber wenn wir uns von der Menschheitsfamilie abgetrennt fühlen, verläßt uns schnell alle Kraft. Solange in uns der Glaube lebendig ist, daß wir unsere Leiden und Kämpfe mit unseren Mitmenschen teilen und folglich mit ihnen zusammen im Kampf um eine bessere Zukunft im Einsatz sind, sind wir durchaus willens, uns allen möglichen Ansprüchen und Forderungen zu stellen. Aber wenn wir uns als unbeteiligte Zuschauer vorkommen, die nichts zur Weltgeschichte beizusteuern haben, haben unsere Schmerzen nicht mehr den Charakter von Geburtsschmerzen, und unsere Kämpfe erschließen uns kein neues Leben mehr; im Gegenteil: Wir haben dann das Gefühl, unser Leben sterbe hinter uns ab und führe uns nirgendwo hin. Tatsächlich bleibt uns zeitweise als einzige Erinnerung an unsere jüngste Vergangenheit, daß wir darin sehr beschäftigt waren, daß alles den Anschein großer Dringlichkeit hatte und daß wir nur schwer alles schaffen konnten. Was wir *inhaltlich* getan haben, das haben wir vergessen. Dies ist ein Anzeichen dafür, wie beziehungslos wir gegenüber all dem geworden sind, was wir tun. Die Vergangenheit trägt uns nicht mehr in die Zukunft; sie vermittelt uns nur mehr das Gefühl banger Sorge und verspricht keinerlei Änderung unseres Zustands.

Unser Bedürfnis, aus dieser Isolierung herauszukommen, kann so stark werden, daß es sich gewaltsam Ausdruck verschafft. Dann wandelt sich unser Wunsch nach einer intimen Beziehung – nach einem Freund, nach einem, der uns liebt, nach einer Gemeinschaft, die uns schätzt – zum verzweifelten Greifen nach dem erstbesten, der uns unmittelbare

Befriedigung verschafft, an dem sich unsere Spannung lösen oder der uns vorübergehend das Gefühl des Einsseins vermitteln kann. Unser Wunsch nach Gemeinsamkeit verkommt dann zu einem gefährlichen aggressiven Zupacken, das viel Schaden anrichtet und nur unsere Gefühle steigert, einsam zu sein und zu bleiben.

## *Abschluß*

Diese Überlegungen haben uns hoffentlich etwas besser erschlossen, was das Wort „Sorge" in dem Sinn, in dem es Jesus gebraucht hat, bedeutet. Heutzutage meint „voller Sorgen leben": mit tausend Dingen beschäftigt sein und sich ständig über alle möglichen bevorstehenden Ereignisse den Kopf zerbrechen, zugleich Langeweile, Groll und Niedergeschlagenheit zu empfinden, und sich dabei sehr einsam zu fühlen. Ich möchte damit nicht sagen, daß wir alle ständig derart stark in Sorge leben. Aber für mich besteht kein Zweifel, daß die meisten unter uns diese Erfahrung, randvoll gestopft und doch unerfüllt zu sein, zumindest zeitweise mehr oder weniger stark überkommt. In unserer hochtechnisierten, ganz auf Wettbewerb angelegten Welt fällt es sehr schwer, sich völlig den Kräften zu entziehen, die in unserem inneren und äußeren Raum wirken und uns abspalten von unserem tiefsten eigenen Wesen, von unseren Mitmenschen und von unserem Gott.

Eines der charakteristischsten Merkmale des Be-
sorgtseins ist, daß es unser Leben zerstückelt. Die
vielen Dinge, die wir tun, die wir im Kopf behalten,
die wir planen müssen; die vielen Leute, an die wir
denken, die wir besuchen, mit denen wir sprechen
müssen; die vielen Stellungen, die wir angreifen
oder verteidigen müssen – all das zerrt uns ständig
hin und her und hat zur Folge, daß wir unseren
Mittelpunkt verlieren. Unsere vielen Sorgen lassen
uns überall auf einmal, aber selten zu Hause sein.
Man könnte die geistliche Krise unserer Zeit so beschreiben: Wir haben fast alle eine Anschrift, aber
wir sind nie dort anzutreffen. Wir wissen, wohin
wir gehören, aber dennoch schweifen wir ruhelos
durchs Land, als hätten wir keinen festen Wohn-
sitz. Es gibt so viel zu tun, und das nimmt unsere
Aufmerksamkeit ständig voll in Anspruch. Das
führt uns so weit von zu Hause fort, daß wir gelegentlich sogar unsere wirkliche Anschrift vergessen, das heißt den Ort, an dem man uns ansprechen
kann.

Jesus greift diesen Zustand auf, in dem wir vollgestopft, aber unerfüllt sind; ungeheuer beschäftigt, aber innerlich ohne Beziehung zu all dem, was
wir tun; überall unterwegs, aber niemals zu Hause.
Er möchte uns an den Ort führen, an den wir gehören. Doch diesen Ruf, ein geistliches Leben zu führen, können wir nur vernehmen, wenn wir bereit
sind, offen und ehrlich zuzugeben, wie es um uns
steht: Daß unser Leben aus den Angeln gerissen
ist; daß wir randvoll mit Sorgen sind und daß un-

ser Alltagsleben in lauter unzusammenhängende Bruchstücke zerbröselt. Nur diese klare Einsicht und dieses nüchterne Eingeständnis können in uns die Sehnsucht nach unserem wirklichen Heimatort wachsen lassen. Von dieser Sehnsucht spricht Jesus, wenn er sagt: „Sorgt euch nicht ... Sucht vielmehr zuerst sein Reich ..., und all das wird euch dreingegeben werden" (Mt 6, 31.33).

# II

## „Zuerst sein Reich"

### *Einstieg*

Jesus setzt mit seinem Heilungsangebot für unser sorgenerfülltes Leben nicht so an, daß er uns zuredet, wir sollten uns nicht soviel Mühe um weltliche Angelegenheiten machen. Er versucht nicht, uns wegzuziehen von den vielen Ereignissen, Tätigkeiten und Menschen, die unser Leben ausfüllen. Er sagt uns nicht, daß alles, was wir tun, unwichtig, wertlos oder nutzlos sei. Er schlägt uns auch nicht vor, wir sollten uns aus unseren Verpflichtungen zurückziehen und ein stilles, geruhsames Leben fern von den Auseinandersetzungen der Welt führen.

Jesus setzt ganz anders an, um unser sorgenerfülltes Leben zu heilen. Er rät uns, den Schwerpunkt unserer Aufmerksamkeit zu verlagern, die Mitte, um die wir kreisen, anders zu setzen, unsere Prioritäten zu ändern. Jesus möchte uns von den „vielen Dingen, die es zu tun gibt", zum *„einen* Notwendigen" hinführen. Es ist für uns wichtig, daß wir sehen, wie Jesus keineswegs von uns will, daß wir unsere Welt mit ihrer bunten Vielfalt verlassen. Im Gegenteil: Wir sollen durchaus darin leben, aber fest verwurzelt im Mittelpunkt von allem. Jesus legt uns nicht nahe, unsere Tätigkeiten zu ändern, unsere Beziehungen abzubrechen; ja er sagt nicht einmal, wir sollten das Tempo unserer Schritte mäßigen. Er spricht von einer Veränderung unseres *Herzens*. Diese Veränderung des Herzens läßt alles anders werden, obwohl alle Dinge scheinbar die gleichen bleiben. Das ist gemeint mit: „Sucht zuerst sein Reich ..., und all das wird euch dreingegeben werden" (Mt 6, 33). Worauf es einzig ankommt, ist, *wo unser Herz ist*. Wenn wir uns ängstlichen Sorgen ausliefern, haben wir unser Herz am falschen Platz. Jesus rät uns, unser Herz in die Mitte zu rücken, in die alle anderen Dinge von allein münden.

Was ist diese Mitte? Jesus nennt sie das „Reich", das Reich seines Vaters. Für uns Menschen des zwanzigsten Jahrhunderts besagt dieser Ausdruck vielleicht kaum etwas. Könige und Königreiche spielen in unserem Alltagsleben keine Rolle. Jesus will uns dringend aufrufen, in unserem Dasein dem Leben aus dem Geist Gottes den Vorrang zu geben. Wenn wir seine Worte so verstehen, sehen wir deutlich, was hier auf dem Spiel steht. Ein Herz, das auf das Reich des Vaters ausgerichtet ist, ist auch ein Herz, das sich vom Leben aus dem Geist beseelen läßt. „Zuerst das Reich suchen" bedeutet also: all unser Denken, Reden und Tun vom Leben aus dem Geist, der in und um uns anwesend ist, bestimmen lassen.

Wir wollen nun dieses Leben im Geist etwas

gründlicher in Augenschein nehmen. Zunächst müssen wir zusehen, wie sich der Geist Gottes in Jesu eigenem Leben offenbart. Und dann müssen wir deutlich machen, was das für uns bedeutet, wenn uns Jesus beruft, uns mit ihm auf dieses Leben des Geistes einzulassen.

## Wie Jesus gelebt hat

Zweifellos hat Jesus ein Leben voller Tätigkeiten geführt. Er war ständig damit beschäftigt, seine Jünger zu unterweisen, zu den Volksscharen zu sprechen, Kranke zu heilen, Dämonen auszutreiben, sich Fragen von Feinden und Freunden zu stellen und von Ort zu Ort zu wandern. Jesus war derart in Tätigkeiten eingespannt, daß es für ihn schwierig war, überhaupt einmal Zeit für sich allein zu finden. Der folgende Bericht zeichnet uns ein anschauliches Bild davon: „Man brachte alle Kranken und Besessenen zu ihm. Die ganze Stadt war an der Türe versammelt. Und er heilte viele, die an Krankheiten aller Art litten, und trieb viele Dämonen aus ... In der Frühe, als es noch Nacht war, erhob er sich, ging weg und begab sich an einen einsamen Ort. Dort betete er. Simon und seine Gefährten eilten ihm nach, fanden ihn und sprachen zu ihm: ‚Alle suchen dich.' Da sprach er zu ihnen: ‚Laßt uns anderswo hingehen, in die umliegenden Ortschaften, damit ich auch dort predige; denn dazu bin ich ausgegangen.' Und er wanderte umher, predigte in ihren Synagogen in ganz Galiläa und trieb die Dämonen aus" (Mk 1, 32–39).

Dieser Bericht zeigt deutlich, daß das Leben Jesu sehr ausgefüllt war; er wurde selten, wenn überhaupt jemals in Ruhe gelassen. Man könnte sogar den Eindruck gewinnen, er sei ein Fanatiker gewesen, der vom Zwang besessen war, seine Botschaft um jeden Preis an den Mann zu bringen. In Wirklichkeit verhält es sich allerdings anders. Je tiefer wir uns auf die Berichte der Evangelien über sein Leben einlassen, desto deutlicher geht uns auf, daß Jesus kein Eiferer war, der mit aller Gewalt versucht hat, möglichst viele Dinge auf einmal in Angriff zu nehmen, um an ein Ziel zu kommen, das er sich selbst gesteckt hatte. Im Gegenteil: Alles, was wir von Jesus wissen, deutet darauf hin, daß ihn nur ein einziger Wunsch beseelt hat: den Willen seines Vaters zu erfüllen. Nichts in den Evangelien ist eindrucksvoller als Jesu konsequent auf den Vater ausgerichteter Gehorsam. Von seinen ersten überlieferten Worten im Tempel: „Wußtet ihr nicht, daß ich in dem sein muß, was meines Vaters ist?" (Lk 2, 49) bis zu seinen letzten Worten am Kreuz: „Vater, in deine Hände empfehle ich meinen Geist!" (Lk 23, 46) bringt Jesus nur eine einzige Sorge zum Ausdruck: den Willen seines Vaters zu tun. Er sagt: „Der Sohn kann von sich aus nichts tun, außer was er den Vater tun sieht" (Joh 5, 19). Die Werke, die Jesus vollbracht hat, sind die Werke, zu denen ihn der Vater ausgesandt hat, und die Worte, die er gesprochen hat, waren die Worte,

die er vom Vater erhalten hatte. Er läßt daran keinen Zweifel: „Wenn ich nicht die Werke meines
Vaters tue, dann braucht ihr mir nicht zu glauben"
(Joh 10,37). „Das Wort ist nicht von mir, sondern
vom Vater, der mich gesandt hat" (Joh 14,24).

Jesus ist nicht deshalb unser Erlöser, weil er bestimmte Dinge zu uns gesagt oder für uns getan
hat. Er ist unser Erlöser, weil alles, was er gesagt
und getan hat, die Frucht seines Gehorsams gegenüber seinem Vater war. Deshalb konnte der heilige
Paulus schreiben: „Wie durch den Ungehorsam des
einen Menschen die vielen zu Sündern gemacht
wurden, so werden auch durch den Gehorsam des
einen die vielen zu Gerechten gemacht" (Röm
5,19). Jesus ist der Gehorsame. Alles in seinem Leben wird durch diese Gehorsamsbeziehung zum
Vater auf eine Mitte hin ausgerichtet. Das mag uns
schwer begreiflich sein, denn das Wort *Gehorsam*
hat in unserer Gesellschaft einen sehr negativen
Beigeschmack. Es läßt uns an autoritäre Gestalten
denken, die uns ihren Willen gegen unser eigenes
Wollen aufzwingen. Es weckt in uns die Erinnerung an unliebsame Kindheitserlebnisse oder an
harte Pflichterfüllung unter der Drohung von Stra-
fen. Aber Jesu Gehorsam hat mit alldem nichts zu
tun. Wenn er gehorcht, dann hört er vorbehalt- und
furchtlos auf seinen Vater, der ihn liebt. Zwischen
dem Vater und dem Sohn west nur Liebe. Der Vater
vertraut alles, was ihm gehört, dem Sohn an (Lk
10,22), und alles, was der Sohn empfangen hat,
schenkt er dem Vater zurück. Der Vater öffnet sich

selbst ganz für den Sohn und legt ihm alles in die
Hand: alles Wissen (Joh 12, 50), alle Herrlichkeit
(Joh 8, 54), alle Macht (Joh 5, 19–21). Und der Sohn
öffnet sich selbst ganz für den Vater und legt so al-
les in die Hände seines Vaters zurück: „Ich bin vom
Vater ausgegangen und in die Welt gekommen.
Nun verlasse ich die Welt wieder und gehe zum
Vater" (Joh 16, 28).

Diese unerschöpfliche Liebe zwischen dem Vater und dem Sohn schließt in sich und übersteigt
zugleich alle uns bekannten Weisen der Liebe. Sie
schließt in sich die Liebe eines Vaters und einer
Mutter, die Liebe einer Schwester und eines Bru-
ders, die Liebe eines Ehemannes und seiner Frau,
die Liebe eines Lehrers und eines Freundes. Aber
sie übersteigt auch bei weitem die vielen be-
schränkten und beschränkenden menschlichen Erfahrungen der Liebe, die wir kennen. Es ist eine
sorgende und zugleich anspruchsvolle Liebe, eine
helfende und doch strenge Liebe, eine gütige und
doch starke Liebe, eine Liebe, die Leben schenkt
und doch den Tod annimmt. Aus dieser göttlichen
Liebe heraus wurde Jesus in die Welt gesandt, und
dieser göttlichen Liebe hat sich Jesus selbst am
Kreuz ausgeliefert. Diese allumfassende Liebe, der
Inbegriff der Beziehung zwischen Vater und Sohn,
ist eine göttliche Person, wesensgleich mit dem Vater und dem Sohn. Sie hat einen eigenen Namen:
Heiliger Geist. Der Vater liebt den Sohn und gibt
sich ganz her im Sohn. Der Sohn wird vom Vater
geliebt und schenkt alles, was er ist, dem Vater zu-

rück. Der Geist ist die Liebe selbst, die ewig den Vater und den Sohn umfaßt.

Diese ewige Liebesgemeinschaft ist die Mitte und die Quelle des geistlichen Lebens Jesu, eines Lebens ununterbrochener Aufmerksamkeit auf den Vater im Geist der Liebe. Aus diesem Leben erwächst Jesu Dienst. Sein Essen und Fasten, sein Beten und Handeln, sein Wandern und Ruhen, sein Predigen und Unterweisen, sein Teufelaustreiben und Heilen – alles hat er in diesem Geist der Liebe getan. Es ist ausgeschlossen, jemals den vollen Sinn der vielfältigen Tätigkeiten Jesu zu erfassen, wenn wir nicht erkennen, daß all diese vielen Dinge aus einer einzigen Haltung stammen: aus dem Hören auf den Vater in der Intimität einer vollkommenen Liebe. Wenn wir das sehen, wird uns auch aufgehen, daß genau dies das Ziel des Wirkens Jesu war: uns in diese intimste Gemeinschaft einzubeziehen.

## Wie wir leben könnten

Unser Leben ist dazu bestimmt, so zu werden wie das Leben Jesu. Jesu gesamtes Wirken dient der Absicht, uns ins Haus seines Vaters heimzuholen. Jesus ist nicht nur gekommen, um uns von den Fesseln der Sünde und des Todes zu befreien, sondern er wollte uns auch in die Intimität seines göttlichen Lebens einführen. Wir können uns nur schlecht vorstellen, was das bedeutet. Wir neigen dazu, vor allem den Abstand zwischen Jesus und uns zu betonen. Wir sehen Jesus als den allwissenden und allmächtigen Sohn Gottes, der in unerreichbarer Höhe über uns sündigen, gebrochenen menschlichen Wesen thront. Aber wenn wir so denken, vergessen wir, daß Jesus gekommen ist, um uns sein eigenes Leben zu schenken. Er ist gekommen, um uns in die Liebesgemeinschaft mit dem Vater emporzuheben. Nur wenn wir diese tiefgreifende Zielsetzung des Wirkens Jesu erfassen, erschließt sich uns, was es bedeutet, ein geistliches Leben zu führen. Alles, was Jesus ist und hat, wird uns angeboten, damit wir Anteil daran haben. Wir sollen all das tun, was Jesus getan hat. Jesus spricht von uns nicht als von Bürgern zweiter Klasse. Es gibt nichts, was er uns vorenthält: „Ich habe euch alles kundgetan, was ich von meinem Vater gehört habe" (Joh 15, 15); „wer an mich glaubt, wird die Werke, die ich tue, auch selbst tun" (Joh 14, 12). Jesus möchte, daß wir dort sind, wo er ist. In seinem Hohepriesterlichen Gebet läßt er keine Zweifel an seiner Absicht: „Vater, laß sie in uns eins sein, wie du, Vater, in mir bist und ich in dir bin ... Ich habe die Herrlichkeit, die du mir gegeben hast, ihnen gegeben, damit sie eins seien, wie wir eins sind. Ich in ihnen und du in mir, so mögen sie zur vollendeten Einheit gelangen, damit die Welt erkenne, ... daß ich sie geliebt habe, wie du mich geliebt hast. Vater, ich will, daß, wo ich bin, auch die bei mir seien, die du mir gegeben hast, damit sie meine Herrlichkeit schauen, die du mir gegeben hast ... Ich habe ihnen deinen Namen kundgetan und werde ihn weiterhin kundtun, damit die Liebe, mit der du mich geliebt hast, in ihnen sei und ich in ihnen" (Joh 17, 21–26).

Diese Worte bringen sehr anschaulich zum Ausdruck, worum es Jesus bei seinem Wirken zutiefst ging. Er ist wie wir geworden, damit wir wie er würden. Er hielt seine Gottgleichheit nicht wie eine Beute für sich selbst fest, sondern er entäußerte sich selbst und wurde so wie wir (Phil 2, 6–7), damit wir so wie er würden und Anteil bekämen an seinem göttlichen Leben.

Diese völlige Umwandlung unseres Lebens ist das Werk des Heiligen Geistes. Die Jünger konnten fast gar nicht begreifen, was Jesus eigentlich wollte. Solange er im Fleisch unter ihnen anwesend war, erkannten sie noch nicht seine volle Gegenwart im Geist. Deshalb sagte Jesus: „Es ist gut für euch, daß ich weggehe. Denn wenn ich nicht weggehe, wird der Helfer nicht zu euch kommen. Wenn ich aber weggehe, werde ich ihn zu euch senden ... Wenn jener aber kommt, der Geist der Wahrheit, wird er euch zur vollen Wahrheit führen. Denn er wird nicht von sich aus reden, sondern er wird reden, was er hört, und das Zukünftige wird er euch verkünden. Er wird mich verherrlichen, weil er von dem Meinigen nehmen und euch verkündigen wird. Alles, was der Vater hat, ist mein. Deshalb habe ich gesagt: ‚Er nimmt von dem Meinigen und wird euch verkünden'" (Joh 16, 7.13–15).

Jesus sendet den Geist, damit er uns zur vollen Wahrheit des göttlichen Lebens führt. Mit „Wahrheit" ist nicht eine Idee, eine Vorstellung oder Lehre gemeint, sondern eine *wahre,* eine *wirkliche Beziehung.* „Zur Wahrheit geführt werden" bedeutet: In jene Beziehung hineingenommen werden, die Jesus zum Vater hat. Es bedeutet den Eintritt in ein Verlöbnis mit Gott.

Deshalb erfährt die Sendung Jesu ihre Vollendung am Pfingsttag. An Pfingsten wird in aller Fülle sichtbar, was Jesus gewirkt hat. Der Heilige Geist kommt auf die Jünger herab und nimmt in ihnen Wohnung, und ihr Leben wird damit zu einem christusförmigen Leben umgewandelt. Es wird ein Leben, das die Züge der gleichen Liebe trägt, die zwischen dem Vater und dem Sohn west. So ist das geistliche Leben seinem Wesen nach ein Leben, das uns in den Rang von Teilhabern am göttlichen Leben emporhebt.

In das göttliche Leben des Vaters, des Sohnes und des Heiligen Geistes emporgehoben zu werden bedeutet aber nicht, aus der Welt herausgenommen zu werden. Im Gegenteil: Gerade diejenigen, die ins geistliche Leben eingetreten sind, werden in die Welt ausgesandt, um das Werk, das Jesus begonnen hat, fortzusetzen und zu vollenden. Das geistliche Leben entfernt uns nicht von der Welt, sondern führt uns tiefer in sie hinein. Jesus sagt zu seinem Vater: „Wie du mich in die Welt gesandt hast, so habe auch ich sie in die Welt gesandt" (Joh 17, 18). Er sagt ganz deutlich, daß seine Jünger gerade deshalb, weil sie nicht länger zur Welt gehören, *so* in der Welt leben können, wie er es getan hat: „Ich bitte nicht, du mögest sie wegnehmen von der Welt, sondern du mögest sie bewahren vor dem Bösen. Sie sind nicht von der Welt, so wie ich nicht von der Welt bin" (Joh 17, 15–16). Wenn Menschen im Geist Jesu leben, heißt das also: Sie sind in dieselbe Gehorsamsbeziehung zum Vater eingetreten wie Jesus, und sie verwirklichen in ihrem Leben neu das Kommen Jesu in die Welt, sein Menschwerden, sein Sterben, sein Auferstehen. Wenn wir durch den Gehorsam Söhne und Töchter Gottes werden, wie Jesus der gehorsame Sohn des Vaters war, wird unser Leben zu einer Fortführung der Sendung Jesu.

„*In* der Welt, aber nicht *von* der Welt sein": Diese Worte bringen kurz und knapp zum Ausdruck, was Jesus mit „geistlichem Leben" meint. Es ist ein Leben, in dem wir durch den Geist der Liebe völlig umgewandelt werden. Und doch ist es ein Leben, in dem sich nichts zu ändern scheint. Ein geistliches Leben führen bedeutet nicht, daß wir unsere Familien verlassen, unseren Beruf aufgeben, unsere Arbeitsweise ändern müssen; es bedeutet nicht, daß wir uns aus unseren sozialen oder politischen Tätigkeiten zurückziehen oder unser Interesse für Literatur und Kunst verlieren müssen; es erfordert nicht strenge Formen der Askese oder lange Stunden des Gebets. Solche Änderungen können sich tatsächlich als Konsequenz unseres geistlichen Lebens ergeben, und für den einen oder anderen können durchaus radikale Entscheidungen notwendig sein. Aber das geistliche Leben läßt sich grundsätzlich auf so viele Arten führen, wie es Menschen gibt. Das eigentlich Neue dabei ist der Umstand, daß wir uns vom Vielerlei zum Reich Gottes hingewendet haben. Das Neue dabei ist, daß wir aus den Zwängen unserer Welt befreit sind und unser Herz an das einzig Notwendige gehängt haben. Das Neue dabei ist, daß wir die vielen Dinge, Menschen und Ereignisse nicht mehr als eine endlose Kette von Anlässen zur Sorge empfinden, sondern daß wir anfangen, sie als die bunte Vielfalt der Möglichkeiten zu erfahren, mit denen Gott uns seine Gegenwart spüren läßt.

Ja, die Bedingung für ein geistliches Leben ist die Umkehr des Herzens, eine Bekehrung. Eine solche Bekehrung kann durch einen plötzlichen inneren Umschwung erfolgen; sie kann aber auch in einem langen, ruhigen Umwandlungsprozeß geschehen. Immer bringt sie eine innere Erfahrung des Einsseins mit sich. Wir spüren dann, daß wir von einer Mitte ausgehen und daß wir von dieser Mitte her alles, was es gibt und was sich ereignet, als Bestandteil des geheimnisvollen Lebens Gottes mit uns sehen und verstehen können. Unsere Konflikte und Schmerzen, unsere Aufgaben und Versprechen, unsere Familien und Freunde, unsere Aktivitäten und Vorhaben, unsere Hoffnungen und Erwartungen kommen uns dann nicht mehr als ermüdendes Vielerlei von Dingen vor, die wir nur mit Mühe und Not auf einen Nenner bringen können. Im Gegenteil: Sie werden uns zu Bestätigungen und Offenbarungen des neuen Lebens, das der

Geist in uns gewirkt hat und wirkt. Das Viele, das es zu tun gibt und das uns so überlastet und mit ängstlichen Sorgen erfüllt hatte, begegnet uns nun in der Form von Gaben oder Aufforderungen, die das neue Leben, das wir entdeckt haben, stärken und vertiefen. Das bedeutet nicht, daß das geistliche Leben die Dinge leichter macht oder uns unserer Kämpfe und Nöte enthebt. Das Leben der Jünger Jesu zeigt deutlich, daß das Leiden durch den Umstand, sich bekehrt zu haben, nicht geringer wird. Zuweilen steigert sich das Leiden sogar nach der Bekehrung noch. Aber unsere Aufmerksamkeit richtet sich nicht länger darauf, wie groß oder wie klein der Schmerz nun im einzelnen ist. Es kommt uns nur noch darauf an, aufmerksam zu hören, was der Geist uns sagen will, und gehorsam dorthin zu gehen, wohin er uns führen will, mag das nun ein Ort voller Freude oder ein Ort voller Schmerzen sein.

Unsere Erfahrung kann weiterhin eine Erfahrung der Armut, des Leids, des Kampfes, der Beklemmung, der Todesangst und sogar der inneren Dunkelheit sein. Gott kann alle diese Mittel anwenden, um uns zu läutern. Aber aus unserem Leben sind dann die Langeweile, der Groll, die Niedergeschlagenheit und das Gefühl, einsam und verlassen zu sein, verbannt. Wir haben gelernt, alles in unserem Leben als Stück unseres Weges ins Haus des Vaters zu verstehen.

## *Abschluß*

„Zuerst sein Reich". Hoffentlich haben sich dank unserer Überlegungen diese Worte mit neuem Inhalt gefüllt. Sie rufen uns in die Nachfolge Jesu, auf seinen Weg des Gehorsams, und sie führen uns in jene Gemeinschaft ein, die von der anspruchsvollen Liebe des Vaters gestiftet ist. Aus ihr heraus sollen wir unser ganzes Leben gestalten. Das Himmelreich ist der Raum, in den der Heilige Geist Gottes uns führt, uns heilt, uns in Anspruch nimmt und uns ständig neu erschafft. Wenn unsere Herzen auf dieses Himmelreich ausgerichtet sind, treten nach und nach alle unsere ängstlichen Sorgen in den Hintergrund, denn die vielen Dinge, die uns Anlaß zur Sorge gegeben haben, werden hinfällig. Dabei ist es wichtig zu sehen, daß dieses „Sein Herz auf das Himmelreich ausrichten" keine Methode ist, um Prämien zu gewinnen. Sonst wäre das geistliche Leben eine Art Wettbewerb um den Großen Preis in einer Fernseh-Show. Die Worte „Und all das wird euch dreingegeben werden" (Mt 6,33) bringen zum Ausdruck, daß sich Gottes Liebe und Sorge um uns auf unser gesamtes Leben bezieht. Wenn wir unsere Herzen auf das Leben im Geist Christi ausrichten, werden wir immer besser sehen und begreifen, wie Gott uns in seiner Hand geborgen hält. Wir werden besser begreifen lernen, was wir für unser leibliches und seelisches Wohl wirklich brauchen, und wir werden auf unserer Reise durch diese Welt erfahren, in wie enger innerer Beziehung unser geistliches Leben und unsere zeitlichen Bedürfnisse miteinander stehen.

Alle diese Erwägungen hinterlassen indes eine sehr schwierige Frage. Es ist die Frage: Gibt es einen Weg, auf dem wir von unserem sorgenerfüllten Leben zum Leben des Geistes gelangen? Müssen wir einfach untätig warten, bis der Geist irgendwann einmal zu uns kommt und uns unsere Sorgen fortbläst? Gibt es irgendwelche Möglichkeiten, uns auf das Leben aus dem Geist vorzubereiten und dieses Leben, wenn es uns einmal angerührt hat, zu ergreifen und zu vertiefen? Die Kluft zwischen unserem vollgestopften und doch unerfüllten Leben auf der einen und dem geistlichen Leben auf der anderen Seite ist so groß, daß uns die Aussicht, wir könnten jemals vom einen ins andere hinüberwechseln, ziemlich unrealistisch vorkommt. Die Ansprüche, die jeder Tag neu an uns stellt, sind so realistisch, so unmittelbar und so bedrängend, daß das Leben im Geist weit jenseits unserer Fähigkeit zu liegen scheint.

Meine Beschreibung der beiden Gegenpole unseres Lebensspektrums: Hier des sorgenerfüllten Lebens und dort des geistlichen Lebens, war notwendig, um deutlich zu machen, was auf dem Spiel steht. Aber die meisten von uns leben weder unablässig voller Sorgen, noch sind sie einzig und allein vom Geist erfüllt. In Wirklichkeit wissen wir aus Erfahrung, daß Gottes Geist plötzlich mitten in unseren Sorgen aufblitzen kann, und umgekehrt, daß selbst dann plötzlich wieder Sorgen über uns her-

fallen, wenn wir in unserem tiefsten Innern gerade
das Wirken des Geistes spüren. Wichtig ist für uns,
daß wir nach und nach erkennen, wo wir stehen,
und daß wir es lernen, das Leben des Geistes Gottes in uns immer mehr sich entfalten zu lassen. Das
führt mich zur abschließenden Aufgabe: Zur Beschreibung der wichtigsten Grundsätze, die uns bei
unseren Vorhaben helfen können, uns immer mehr
aus den Klauen unserer Sorgen zu lösen und uns
vom Geist in die wahre Freiheit der Kinder Gottes
führen zu lassen.

# III

# „Sein Herz auf das Himmelreich richten"

## *Einstieg*

Das geistliche Leben wird uns geschenkt. Es wird uns geschenkt vom Heiligen Geist, der uns in das Reich der Liebe Gottes versetzt. Aber wenn man sagt, in das Reich der Liebe Gottes versetzt zu werden sei ein reines Geschenk von Gott her, so bedeutet das nicht, daß wir untätig warten sollen, bis uns dieses Geschenk zuteil wird. Jesus weist uns an, unser Herz auf das Himmelreich zu richten. Um sein Herz gezielt auf etwas auszurichten, bedarf es nicht nur eines ehrlichen Wollens, sondern auch einer festen Entschlossenheit. Das geistliche Leben stellt an den Menschen den Anspruch, sich Mühe zu geben. Die Kräfte, die uns immer wieder in ein sorgenerfülltes Leben zurückzerren wollen, sind alles andere als leicht zu überwinden.

„Wie schwer", ruft Jesus aus, „werden die Reichen in das Reich Gottes hineingelangen!" (Mk 10, 23). Und um uns von der Notwendigkeit intensiver Anstrengung zu überzeugen, sagt er: „Wenn einer mir nachfolgen will, verleugne er sich selbst, nehme sein Kreuz auf sich und folge mir nach" (Mt 16,24).

Wir rühren hier an die Frage der Disziplin im geistlichen Leben. Es gibt kein geistliches Leben ohne Disziplin. Disziplin gehört wesentlich zur Jüngerschaft. Die Übung geistlicher Disziplin schärft unser Wahrnehmungsvermögen für die leise, sanfte Stimme Gottes. Dem Propheten Elija hat sich Gott nicht im mächtigen Sturmwind oder im Erdbeben oder im Feuer offenbart, sondern im leisen Säuseln eines Windhauchs (1 Kön 19,9–13). Uns einer geistlichen Disziplin unterwerfen heißt: unser Gehör für diesen leisen Windhauch schärfen und zur Antwort bereit sein, wenn wir ihn hören.

Unser sorgenerfülltes, vollgestopftes Leben, wie ich es geschildert habe, ist gewöhnlich von so viel innerem und äußerem Lärm umgeben, daß es sehr schwierig ist, unseren Gott wirklich zu hören, wenn er zu uns spricht. Oft sind wir ganz taub geworden; wir können gar nicht ausmachen, wann Gott uns ruft, und wir erfassen nicht, in welche Richtung er uns ruft. Unser Leben ist dadurch buchstäblich absurd geworden. Im Wort „absurd" steckt ja das lateinische Wort „surdus", und das bedeutet: „taub". Ein geistliches Leben bedarf der Disziplin, denn das Hören auf Gott muß man mühsam lernen. Gott spricht ständig zu uns; aber wir hören selten auf ihn. Wenn wir allmählich horchen lernen, wird unser Leben ein Leben des Gehorsams. Im Wort „Gehorsam" steckt das Wort „hören". Geistliche Disziplin ist notwendig, damit nach und nach aus unserem absurden Leben ein gehorsames Leben wird; aus unserem mit geräuschvollen Sorgen angefüllten Leben ein Leben, in dem es einen inneren Freiraum gibt, wo wir auf unseren Gott hören und uns seiner Führung anvertrauen können.

Das Leben Jesu war ein Leben des Gehorsams. Er hörte ständig auf den Vater, achtete ständig aufmerksam auf seine Stimme, war ständig bereit, seinen Weisungen zu folgen. Jesus war „ganz Ohr". Darin besteht das Eigentliche des Gebets: ganz Ohr für Gott sein. Den innersten Kern allen Betens stellt dieses Hören dar, dieses gehorsame Stehen in der Gegenwart Gottes.

Geistliche Disziplin ist deshalb das konzentrierte Bemühen, in unserem Leben den nötigen inneren und äußeren Raum für die Verwirklichung dieses Gehorsams zu schaffen. Ein geistlich disziplinierter Mensch schiebt der Welt einen Riegel vor, damit sie sein Leben nicht derart ausfüllt, daß darin kein Raum mehr für das Hören bleibt. Die geistliche Disziplin setzt uns für das Gebet frei oder, besser gesagt, ermöglicht es dem Geist Gottes, in uns zu beten.

Nun will ich zwei Übungen vorstellen, die uns helfen können, „unser Herz auf das Reich Gottes auszurichten". Im Grunde genommen sind das Gebetsübungen. Es handelt sich um die Einübung ins Alleinsein und um die Einübung in das Leben in Gemeinschaft.

## Alleinsein

Wenn man nie allein ist, ist es praktisch unmöglich, ein geistliches Leben zu führen. Nur wer allein ist, findet Zeit und Platz für Gott, und zwar für Gott allein. Wenn wir wirklich glauben, daß Gott nicht bloß existiert, sondern auch aktiv in unserem Leben anwesend ist – daß er uns heilt, belehrt und führt –, dann müssen wir auch unbedingt eine Zeit und einen Raum vorsehen, wo wir ihm unsere ungeteilte Aufmerksamkeit schenken. Jesus sagt: „Geh in deine Kammer und schließ deine Tür zu und bete zu deinem Vater im Verborgenen" (Mt 6, 6).

Eine unserer wichtigsten, aber auch schwierigsten Aufgaben besteht darin, ein Stück Alleinsein in unser Leben zu bringen. Merkwürdigerweise empfinden wir eine gewisse Beklemmung, wenn wir uns wirklich an einen Ort und in eine Zeit des Alleinseins begeben, und das selbst dann, wenn wir ein tiefes Bedürfnis nach wirklichem Alleinsein verspüren. Sobald wir allein sind, und kein Mensch ist zum Reden da, kein Buch zum Lesen, kein Fernsehgerät zum Hineinschauen, kein Telefon zum Anrufen, macht sich in uns ein inneres Chaos bemerkbar. Dieses Chaos kann so verwirrend und beschämend sein, daß wir kaum die Zeit abwarten können, bis es endlich wieder allerhand zu tun gibt. Deshalb heißt in eine Kammer gehen und die Tür schließen noch lange nicht, daß wir auch sofort hinter allen unseren inneren Zweifeln, Sorgen, Äng-

sten, unguten Erinnerungen, ungelösten Konflikten, grimmigen Gefühlen und drängenden Süchten
die Tür schließen. Im Gegenteil: Haben wir endlich
unsere äußeren Zerstreuungen abgestreift, so stellt
sich oft heraus, daß dann erst recht unsere inneren
Zerstreuungen in voller Stärke ans Licht kommen.
Oft gebrauchen wir ja die äußeren Zerstreuungen
dazu, um unsere innere Unruhe zu überspielen. Es
ist dann kein Wunder, wenn für uns das Alleinsein
zu einer kritischen Zeit wird. Es kann unerträglich
schmerzvoll sein, nun plötzlich unverhüllt seinen
inneren Konflikten ausgeliefert zu sein.

Die Einübung in das Alleinsein wird von daher
nur desto wichtiger. Ein vollgestopftes, sorgenerfülltes Leben hat nicht von sich aus den Zug zum
Alleinsein. Im Gegenteil: Es findet mehr als genug
Gründe, dem Alleinsein aus dem Weg zu gehen.
Deshalb müssen wir bewußt einen Anfang setzen,
indem wir sorgfältig ein Stück Alleinsein in unserem Alltag vorsehen. Vielleicht sind zunächst fünf
oder zehn Minuten täglich das Höchstmaß, das wir
ertragen können. Vielleicht schaffen wir es jeden
Tag eine Stunde, jeden Monat einen Tag oder jedes
Jahr eine Woche. Der Zeitumfang wird bei jedem
anders sein, je nach Temperament, Alter, Beruf, Le-
bensstil und Reife. Aber es heißt das geistliche Leben nicht ernst nehmen, wenn man nicht ein be-
stimmtes Maß an Zeit dafür reserviert, mit Gott allein zu sein und auf ihn zu hören. Vielleicht ist es
hilfreich, diese Zeit schwarz auf weiß in unseren
täglichen Terminkalender einzutragen, damit nie-

mand sonst diese Zeit in Beschlag nehmen kann. Wir können dann unseren Freunden, Nachbarn, Studenten, Kunden, Klienten oder Patienten die Auskunft geben: „Es tut mir leid, aber um diese Zeit habe ich schon eine Verabredung, die ich nicht verschieben kann."

Haben wir es uns zur festen Gewohnheit gemacht, regelmäßig einige Zeit dem Alleinsein zu widmen, so werden wir allmählich wacher für Gottes Stimme in uns. Am Anfang, während der ersten Tage, Wochen oder sogar Monate kann es sein, daß wir das Gefühl haben, lediglich unsere Zeit zu vergeuden. Die Zeit, in der wir bewußt allein sind, mag sich zunächst kaum von der Zeit unterscheiden, in der wir von unzähligen Gedanken und Gefühlen bombardiert werden, die aus den verborgenen Gründen unseres Herzens aufsteigen. Einer der frühen christlichen Schriftsteller sagt, auf der ersten Stufe des Gebets in der Einsamkeit sei es so, wie wenn jemand jahrelang bei offenen Türen gelebt hat und eines Tages alle seine Türen schließt. Die Besucher, die seither nach Lust und Laune bei ihm ein und aus gegangen waren, pochen nun an diese Türen und fragen sich verwirrt, weshalb sie plötzlich nicht mehr eingelassen werden. Erst nach und nach dämmert ihnen, daß sie unerwünschte Gäste sind, und dann kommen sie mit der Zeit immer seltener. Diese Erfahrung macht jeder, der den Entschluß faßt, sich nach einem Leben ohne viel geistliche Disziplin in den Raum des Alleinseins zu begeben. Zunächst melden sich die vielen Zerstreuungen weiterhin hartnäckig zu Wort. Später, wenn sie immer weniger Aufmerksamkeit erfahren, ziehen sie sich nach und nach zurück.

Am Anfang kommt es vor allem darauf an, sein Vorhaben treu durchzuhalten. Zunächst scheint das Alleinsein genau das Gegenteil dessen zu bewirken, was wir erwartet hatten, und wir sind ständig versucht, daraus wegzulaufen. Das Weglaufen kann sich so äußern, daß man in den Tag hineinträumt oder einfach eindöst. Aber wenn wir uns konsequent an diese Übung halten, und zwar in der Überzeugung, daß Gott auch dann bei uns ist, wenn wir ihn noch nicht hören, dann wird uns diese Zeit des Alleinseins mit Gott allmählich zu einer Gewohnheit, die wir nicht mehr missen möchten. Obwohl wir während unseres Alleinseins nicht viel Befriedigung spüren, geht uns dennoch auf, daß ein Tag ohne dieses Alleinsein weniger „geistlich" ist als die Tage, in denen dieses Alleinsein seinen Platz hatte.

Wir wissen intuitiv, daß es wichtig ist, Zeit im Alleinsein zu verbringen. Allmählich warten wir sogar, bis diese merkwürdige Zeitspanne der Nutzlosigkeit wieder kommt. Eine solche Sehnsucht nach dem Alleinsein ist oft die erste Regung des Gebets, das erste Anzeichen, daß sich der in uns gegenwärtige Geist Gottes bemerkbar macht. In dem Maß, in dem wir uns unserer vielen Sorgen entledigen, erfassen wir nicht nur mit unserem Verstand, sondern auch mit unserem Herzen, daß wir nie wirklich allein gewesen sind, sondern daß Gottes

Geist schon immer bei uns gewesen ist. Uns geht
der Sinn dessen auf, was Paulus an die Römer
schreibt: „Die Drangsal bewirkt Geduld, die Geduld Bewährung, die Bewährung Hoffnung. Die
Hoffnung aber läßt nicht zuschanden werden, weil
die Liebe Gottes in unseren Herzen ausgegossen
ist durch den Heiligen Geist, der uns geschenkt
wurde" (Röm 5, 4–6). Wenn wir allein sind, lernen
wir den Geist kennen, der uns schon gegeben ist.
So werden die Bedrängnisse und Kämpfe, denen
wir in unserem Alleinsein ausgeliefert sind, zum
Weg zur Hoffnung; denn unsere Hoffnung gründet nicht auf etwas, was sich erst einstellt, wenn
alle unsere Bedrängnisse vorbei sind, sondern sie
nährt sich von der wirklichen Gegenwart des heilenden Gottesgeistes mitten *in* diesen Bedrängnis-
sen. Die Übung des Alleinseins ermöglicht es uns,
nach und nach mit dieser hoffnungschenkenden
Gegenwart Gottes in unserem Leben in Berührung
zu kommen. Sie läßt uns schon jetzt anfanghaft die
Freude und den Frieden des neuen Himmels und
der neuen Erde verkosten.

Die Einübung ins Alleinsein, wie ich sie hier
beschrieben habe, ist eine der wirksamsten
Übungen, um ein Leben zu entwickeln, in dem das
Gebet seine ihm gebührende Rolle spielt. Sie
ist ein einfacher, obwohl nicht leichter Weg, uns
aus der Versklavung an unsere Beschäftigungen
und ängstlichen Sorgen zu lösen und damit
anzufangen, auf die Stimme zu hören, die alles
neu macht.

Im Folgenden will ich noch konkreter beschreiben, wie man das Alleinsein praktisch üben kann.

Sehr vorteilhaft ist es, wenn man ein Zimmer oder eine Zimmerecke oder irgendeinen genügend großen ungenutzten Raum zur Verfügung hat, den man ausschließlich für die Einübung ins Alleinsein vorsieht. Ein solcher Platz, der immer auf uns wartet, hilft uns, ohne zeitaufwendige Vorbereitungen unser Herz auf das Reich Gottes auszurichten. Je nach Geschmack kann man diesen Platz mit einer Ikone, einer Kerze oder einem schlichten Blumenschmuck ausstatten. Wichtig ist nur, daß er einfach und nüchtern bleibt. Dort verweilen wir in der Gegenwart des Herrn. Wir sind versucht, dann etwas Nützliches zu tun: etwas Anregendes zu lesen, an etwas Interessantes zu denken oder etwas Ungewöhnliches zu erfahren. Aber unsere Zeit des Alleinseins soll gerade eine Zeit sein, in der wir mit leeren Händen, nackt, verwundbar, nutzlos in der Gegenwart des Herrn sind, ohne viel zu zeigen, zu beweisen oder zu rechtfertigen. Auf diese Weise lernen wir ganz langsam, auf Gottes leise Stimme zu hören.

Aber was sollen wir mit unseren vielen Zerstreuungen tun? Sollen wir diese Zerstreuungen bekämpfen, in der Hoffnung, dann mit mehr Aufmerksamkeit auf die Stimme Gottes hören zu können? Erfahrungsgemäß bringt uns das auf unserem Weg zum Gebet nicht weit voran. Wenn wir unsere ganze Energie in den Abwehrkampf gegen unsere Zerstreuungen stecken, ist es sehr schwer, einen leeren Raum zu schaffen, in dem wir auf Gottes Geist hören können. Im Gegenteil: Wir widmen unseren Zerstreuungen schließlich mehr Aufmerksamkeit, als sie verdienen, wenn wir derart unmittelbar gegen sie angehen. Wir sollten statt dessen unsere Aufmerksamkeit lieber den Worten der Heiligen Schrift zuwenden. Ein Psalm, ein Gleichnis, eine biblische Geschichte, ein Ausspruch Jesu oder ein Wort von Paulus, Petrus, Jakobus, Judas oder Johannes kann uns helfen, unsere Aufmerksamkeit auf Gottes Gegenwart zu richten. Auf diese Weise entziehen wir den vielen anderen Dingen ihre Macht über uns. Wenn wir mitten in unser Alleinsein Worte der Heiligen Schrift hineinstellen, können solche Worte – kurze Ausdrücke, einige wenige Sätze oder ein längerer Text – wie Orientierungspunkte wirken, zu denen wir immer wieder zurückkehren, wenn wir in verschiedene Richtungen abgeschweift sind. Sie sind wie ein fester Anker in einem strombewegten Meer. Am Schluß einer solchen Zeit des stillen Verweilens bei Gott ist es gut, im fürbittenden Gebet alle Menschen, die zu unserem Leben gehören, Freunde und auch Feinde, in seine heilende Gegenwart zu stellen. Und warum nicht mit den Worten abschließen, die Jesus selbst uns gelehrt hat: mit dem Vaterunser?

Dies ist nur eine von vielen Weisen, wie man das Alleinsein gestalten kann. Es gibt zahllose andere. Man kann in der freien Natur spazierengehen, kann kurze Gebete wiederholen, wie z.B. das Jesus-Gebet, kann ein kleines Lied singen, kann bestimmte Bewegungen machen oder Haltungen einnehmen. Das und vieles andere kann recht hilfreich sein, um das Verweilen im Alleinsein einzuüben. Jeder einzelne muß selbst entscheiden, welche besondere Form ihm am besten zusagt und welche er deshalb treu üben möchte. Es ist besser, jeden Tag zehn Minuten das Alleinsein zu üben, als ab und zu eine ganze Stunde darauf zu verwenden. Es ist besser, sich an eine bestimmte Haltung zu gewöhnen, als ständig verschiedene Haltungen auszuprobieren. Die besten Führer auf der Suche nach unserem Weg sind Einfachheit und Regelmäßigkeit. Beides hilft uns, die Übungen des Alleinseins zu einem genauso festen Bestandteil unseres Alltags zu machen wie das Essen und das Schlafen. Wenn das gelingt, verlieren ganz allmählich unsere lauten Sorgen ihre Macht über uns, und nach und nach werden wir spüren, wie der Geist Gottes, der alles neu macht, in uns sein Werk beginnt.

Die Übung des Alleinseins erfordert es, äußerlich Zeit und Raum dafür vorzusehen. Aber letzten Endes kommt es darauf an, daß unser Inneres, unser Herz wie eine stille Zelle wird, in der Gott wohnen kann, wohin wir auch gehen und was wir auch tun. Je länger wir uns darin üben, Zeit mit Gott, und mit ihm allein, zu verbringen, desto mehr werden wir entdecken, daß Gott immer und überall bei uns ist. Dann werden wir fähig, ihn sogar mitten in einem geschäftigen und aktiven Leben zu entdekken. Ist erst einmal aus dem Alleinsein mit Gott in Zeit und Raum ein Alleinsein des Herzens mit Gott geworden, so werden wir aus diesem Alleinsein mit Gott nie mehr ganz heraustreten müssen. Wir werden fähig, das geistliche Leben an jedem Ort und zu jeder Zeit zu führen. So versetzt uns die Übung des Alleinseins in den Stand, aktiv in der Welt zu leben und dennoch immer in der Gegenwart des lebendigen Gottes zu bleiben.

## In Gemeinschaft leben

Die Übung des Alleinseins steht nicht in sich. Sie hängt innerlich zusammen mit dem Sich-Einüben in das Leben in Gemeinschaft. Damit ist das Bemühen gemeint, zwischen Menschen eine Mitte zu schaffen, die frei und leer ist; eine Mitte, in der gemeinsam echter Gehorsam möglich wird. Sich in das Leben in Gemeinschaft einüben heißt: alle klammernden Griffe lösen, mit denen wir uns aus Angst und Verlassenheit aneinander festhalten; freien Raum schaffen, in dem wir auf die befreiende Stimme Gottes hören können.

Vielleicht klingt es merkwürdig, das Gemeinschaftsleben als *Übung* vorzustellen. Aber wo Gemeinschaft nicht als anspruchsvolle *Übung* begriffen wird, bezeichnet dieses Wort allzuleicht etwas Verschwommenes und Gefühliges. Mit wirklicher Gemeinschaft ist jedoch nicht ein sicheres, heimeliges, abgekapseltes Nest gemeint, sondern ein Raum, in dem es möglich wird, neues Leben zu empfangen und voll zu entfalten.

Überall, wo echte Gemeinschaft wirklich wird, kommt es entscheidend auf die Selbstdisziplin an. Nicht nur in den vielen alten und neuen Formen des Gemeinschaftslebens ist die Selbstdisziplin der ausschlaggebende Faktor, sondern das gilt auch überall dort, wo Freundschaft, Ehe und Familienleben in Treue durchgetragen werden. Es geht darum, in unserer Mitte Raum für Gott zu schaffen; und das erfordert immer neu das Gespür, daß der Geist Gottes in jedem einzelnen von uns anwesend ist. Zunächst muß der einzelne Mensch in seinem Alleinsein entdeckt haben, daß der lebenspendende Geist Gottes auf dem Grund seines Wesens gegenwärtig ist. Hat er so seine ureigene Identität entdeckt und bejaht, dann wird er fähig, diesen gleichen lebenspendenden Geist auch aus seinen Mitmenschen heraus zu sich sprechen zu hören. Und wenn wir dem lebenspendenden Geist Gottes mitten in unserem Zusammenleben begegnet sind, werden wir wiederum mit verstärkter Aufmerksamkeit seine Stimme dann hören, wenn wir allein sind.

Überall: in Freundschaft, Ehe, Familie, Ordensleben und jeder anderen Form von Gemeinschaftsleben grüßt eine Einsamkeit die andere Einsamkeit, spricht ein Geist zum andern Geist, ruft ein Herz dem andern Herzen zu. Dankbar erkennen wir, daß Gott uns beruft, unser Leben miteinander zu teilen; und wir bieten ihm voll Freude eine gastliche Stätte, wo sein Geist als alles erneuernde Kraft sichtbar wirksam werden kann. So schenken uns alle Formen gemeinsamen Lebens die Möglichkeit, uns gegenseitig zu offenbaren, daß Gott wirklich mitten unter uns anwesend ist.

Gemeinschaft hat wenig damit zu tun, daß man sich gegenseitig gut verträgt. Eine ähnliche Erziehung, charakterliche Entsprechungen oder gleicher sozialer Status können uns zusammenbringen; aber all das genügt niemals als Grundlage für eine wirkliche Gemeinschaft. Gemeinschaft gründet in Gott, der uns zusammenruft; sie ergibt sich nicht aus der Sympathie einiger Menschen füreinander. Es gibt viele Gruppen, die sich gebildet haben, um ihre eigenen Interessen wahrzunehmen, ihren eigenen Status zu verteidigen oder ihre eigenen Anliegen durchzufechten; aber nichts von alledem ist christliche Gemeinschaft. Statt die Mauern der Angst voreinander zu durchstoßen und neuen Raum für Gott zu schaffen, verbarrikadieren sie sich gegen wirkliche oder eingebildete Angreifer. Das Geheimnis der christlichen Gemeinschaft besteht gerade darin, daß sie *alle* Menschen umfaßt, so verschieden sie voneinander im einzelnen auch sein mögen. Christliche Gemeinschaft befähigt Menschen mit den unterschiedlichsten Eigenarten, als Brüder und Schwestern Christi und als Söhne und Töchter seines Vaters im Himmel zusammenzuleben.

Ich möchte eine konkrete Form dieser Selbstdisziplin in Gemeinschaft beschreiben. Es handelt sich um die Übung des gemeinsamen Hörens.

In unserer wortreichen Welt verbringen wir gewöhnlich die Zeit, die wir beieinander sind, mit Reden. Wir fühlen uns am wohlsten, wenn wir Erfahrungen austauschen, interessante Themen besprechen oder über aktuelle Ereignisse diskutieren. Wir versuchen uns vor allem durch einen sehr intensiven Austausch von Wörtern zu verständigen. Aber oft stellen wir fest, daß unsere Wörter eher wie Mauern und gar nicht als Türen wirken; daß sie einen Abstand aufrechterhalten und uns einander nicht näherbringen. Ohne daß wir es recht wollen, werden aus unseren Gesprächen immer wieder Streitgespräche und Auseinander-setzungen, in denen wir uns gegenseitig mit Worten auszustechen versuchen. Immer wieder möchten wir einander beweisen, daß es sich lohnt, uns zuzuhören, und daß wir etwas Besonderes zu bieten haben. Wenn wir in der Gemeinschaft Selbstdisziplin üben, hilft uns das, gemeinsam zu schweigen. Ein solches diszipliniertes Schweigen ist kein beklemmendes Schweigen, sondern ein Schweigen, in dem wir gemeinsam auf den Herrn horchen, der uns zusammenruft. Auf diese Weise lernen wir uns allmählich gegenseitig als Menschen kennen, die sich nicht voller Angst an ihre selbstkonstruierte Identität klammern, sondern die von ein und demselben Gott auf eine ganz persönliche und einmalige Weise geliebt werden.

Auch hier – wie bei der Übung des Alleinseins – können uns oft Worte der Heiligen Schrift in dieses gemeinschaftliche Schweigen hineinführen. Der Glaube, sagt Paulus, kommt vom *Hören*. Wir müssen das Wort voneinander *hören*. Wenn wir aus verschiedenen geographischen, historischen, psychologischen und religiösen Richtungen zusammenkommen, kann das Hören auf ein und dasselbe Wort, das verschiedene Menschen aussprechen, in uns eine gemeinsame Offenheit und Empfindsamkeit schaffen, die uns erkennen läßt, daß wir in diesem Wort gemeinsam Geborgenheit finden. So können wir unsere wahre Identität als Gemeinschaft entdecken. So können wir die lebendige Erfahrung dessen machen, was es heißt, zusammengerufen worden zu sein. Und so kann uns aufgehen, daß der gleiche Herr, den wir in unserem Alleinsein entdeckt haben, auch zu unserem Nächsten in seinem Alleinsein spricht, ganz gleich, welche Sprache oder Konfession oder welchen Charakter er hat. In diesem gemeinsamen Hören auf das Wort Gottes kann sich ein wirklich schöpferisches Schweigen entfalten. Solches Schweigen ist ein Schweigen, das von der liebevollen Sorge Gottes erfüllt ist. Das gemeinsame Hören auf das Wort kann uns von unserem Konkurrenzdenken und Rivalisieren befreien. Es hilft uns, unsere wahre Identität zu erkennen: Wir sind Söhne und Töchter unseres gemeinsamen Gottes, der uns liebt. Wir werden gewahr, daß wir alle Brüder und Schwestern unseres Herrn Jesus Christus und darum auch füreinander Brüder und Schwestern sind.

Dieses Beispiel für ein bewußtes Sich-Einüben in das Gemeinschaftsleben ist eines von vielen. Es gibt zahlreiche andere Möglichkeiten: gemeinsames Feiern, gemeinsame Arbeit, gemeinsames Spielen. Aber welche Form und welchen Ausdruck es auch annehmen mag: Immer weist es uns über die Grenzen von Rasse, Geschlecht, Nationalität, Charakter oder Alter hinaus, und immer öffnet es uns die Augen dafür, wer wir vor Gott und wer wir füreinander sind.

Wenn wir uns in das Leben in Gemeinschaft einüben, wird jeder zur *Person,* das heißt zu einem Menschen, durch den etwas für den andern *hindurchtönt* (das lateinische Wort „personare" bedeutet: „hindurchtönen"): eine Wahrheit, eine Schönheit und eine Liebe, die größer, voller und reicher ist als das, was wir in uns selbst fassen können. In einer echten Gemeinschaft sind wir füreinander Fenster; wir eröffnen einander ständig neue Ausblicke auf das Geheimnis, daß Gott in unserem Leben anwesend ist. So ist das Sich-Einüben in Gemeinschaft ein wirksames Sich-Einüben ins Gebet. Es schärft unsere Aufmerksamkeit für die Gegenwart des Geistes, der in uns „Abba – Vater" ruft und so aus dem Mittelpunkt unseres Alltagslebens heraus betet. In Gemeinschaft leben heißt deshalb, genau aufeinander hören und einander gegenseitig gehorchen. Uns stellt sich nicht nur die Frage: „Wohin führt mich Gott als einzelnen Menschen, der versucht, seinen Willen zu erfüllen?" Noch grundlegender und bedeutsamer ist die Frage: „Wohin führt Gott uns als *Volk*?" Diese Frage stellt an uns den Anspruch, sorgfältig auf Gottes Führung in unserem Zusammenleben zu achten und zusammen nach einer schöpferischen Antwort zu suchen. Hier wird uns einsichtig, wie Gebet und Tat tatsächlich in eins zusammenfallen: Was immer wir als Gemeinschaft tun, ist nur dann ein Akt wirklichen Gehorchens, wenn es sich als Antwort auf das ergibt, was wir von Gott in unserer Mitte gehört haben.

Schließlich müssen wir uns noch vor Augen halten, daß das Gemeinsamsein genau wie das Alleinsein zutiefst eine Qualität des *Herzens* ist. Gewiß, wir werden nie ganz erfassen, was Gemeinschaft ist, wenn wir uns nie an einem gemeinsamen Ort treffen; aber in Gemeinschaft leben bedeutet nicht unbedingt, dem Leibe nach beieinander sein. Wir können durchaus in Gemeinschaft leben und dabei dem Leibe nach allein sein. Wenn wir mit anderen gemeinsam leben, können wir frei handeln, aufrichtig sprechen und Schweres geduldig ertragen, denn ein ganz enges Band der Liebe vereint uns mit ihnen selbst dann, wenn uns Zeit und Ort von ihnen getrennt halten. Die Gemeinschaft der Liebe dehnt sich nicht nur über die Grenzen der Länder und Kontinente hin aus, sondern durchbricht auch die Grenzen der Jahrzehnte und Jahrhunderte. Nicht nur das Bewußtsein der Nähe von Menschen, die weit weg von uns sind, sondern auch die Erinnerung an diejenigen, die lange vor uns gelebt haben, kann uns in eine Gemeinschaft einbergen, die uns heilt und stützt und uns auf unserem Weg weiterhilft. Weil im innersten Raum unserer Gemeinschaft Gott steht, übersteigt diese Gemeinschaft alle Schranken von Zeit und Raum.

So setzt uns die Einübung in das Leben in Gemeinschaft frei: Wir werden fähig, dorthin zu gehen, wohin der Geist uns führt, selbst an Orte, an die wir von uns aus niemals gegangen wären. Das ist zutiefst die Erfahrung der Pfingstgnade. Als der Geist auf die Jünger herabkam, die sich voll Angst miteinander eingeigelt hatten, wurden sie zur Freiheit aufgebrochen. In der Kraft dieser Freiheit stießen sie ihre versperrten Türen auf und zogen in die Welt hinaus. Solange sie noch von der Angst zusammengedrängt waren, waren sie noch keine echte Gemeinschaft. Aber als sie den Geist empfangen hatten, wurden sie als freie Menschen zu Gliedern eines einzigen Leibes, der sie auch dann tief miteinander verbunden hielt, als sie weit voneinander entfernt waren, einer vielleicht in Rom, der andere in Jerusalem. Wenn uns nicht mehr die Angst, sondern der Geist Gottes als Gemeinschaft zusammenhält, dann kann uns nichts mehr voneinander trennen, mag noch so viel Zeit oder Raum zwischen uns liegen.

## Abschluß

Wenn wir uns in das Alleinsein einüben, hilft uns das, zu entdecken, daß es auf dem tiefsten Grund unseres Wesens einen Ort gibt, an dem Gott wohnt. Wenn wir uns in das Leben in Gemeinschaft einüben, hilft uns das, zu entdecken, daß in der innersten Mitte unserer Gemeinschaft ein Ort ist, an dem Gott wohnt. Beide Arten der Einübung gehören zusammen, denn es handelt sich bei diesem Ort in unserem Inneren und bei diesem Ort um uns um ein und denselben Ort.

An diesem Ort, wo Gott wohnt, betet Gottes Geist in uns. Das Gebet ist zuerst und vor allem die aktive Gegenwart des Heiligen Geistes in unserem persönlichen und in unserem Gemeinschaftsleben. Wenn wir uns in das Alleinsein und in das Gemeinschaftsleben einüben, dann versuchen wir, langsam und behutsam, aber beharrlich, die vielen Hindernisse aus dem Weg zu räumen, die uns daran hindern, auf Gottes Stimme in uns zu hören. Gott spricht zu uns nicht nur hie und da, sondern allezeit. Bei Tag und Nacht, bei der Arbeit und beim Spiel, in Freude und in Leid, ist Gottes Geist aktiv in uns gegenwärtig. Uns ist aufgegeben, diese Gegenwart in allem, was wir tun, sagen oder denken, zum Vorschein kommen zu lassen. Die Einübung in das Alleinsein und in das Gemeinschaftsleben hilft uns, diesen Raum freizulegen, indem wir auf den in uns gegenwärtigen Geist Gottes hören und ihm furchtlos und großherzig Antwort geben können. Wenn wir Gottes Stimme in unserem Alleinsein gehört haben, werden wir sie auch in unserem Zusammenleben hören. Wenn wir Gott in unseren Mitmenschen gehört haben, werden wir ihn auch hören, wenn wir mit ihm allein sind. Mögen wir für uns allein oder in einer Gemeinschaft leben, mögen wir allein oder mit anderen zusammen sein: Wir sind dazu berufen, ein Leben des ständigen Hörens und Gehorchens zu führen, das heißt ein Leben des immerwährenden Gebets. „Immerwährend" ist dieses Gebet nicht infolge der vielen Gebete, die wir sprechen, sondern weil wir so leben, daß wir stets auf das immerwährende Gebet des Geistes Gottes in uns und in unserer Umgebung hören.

## Zum Schluß

Meine Ausgangsfrage war: „Was bedeutet das: ein geistliches Leben führen?" Und: „Wie kann man das im Alltag verwirklichen?" Ich habe das geistliche Leben beschrieben als die aktive Gegenwart des Geistes Gottes mitten in einem sorgenerfüllten Leben. Dieses Leben wird möglich, wenn wir uns in das Alleinsein und in das Gemeinschaftsleben einüben und dadurch allmählich in unserem vollgestopften Leben ein wenig freien Innenraum schaffen, in dem sich der Geist Gottes bei uns bemerkbar machen kann.

Wir leben in einer sorgenerfüllten Welt. Wir finden uns vor als Wesen, die mit vielem vollgestopft sind und sich um vieles Sorgen machen; und zugleich fühlen wir uns von Langeweile, Groll und Niedergeschlagenheit angefochten, und wir kommen uns sehr einsam vor. Mitten in dieser Welt erscheint der Sohn Gottes, Jesus Christus, und bietet uns sein neues Leben an, das Leben des Geistes

Gottes. Wir sehnen uns nach diesem Leben. Zugleich spüren wir, daß dieses Leben von Grund auf verschieden ist von dem, an das wir gewöhnt sind. So kommt uns der Gedanke geradezu unrealistisch vor, dieses neue Leben könne wirklich auch für uns möglich werden. Wie sollten wir denn aus unserer Zerstückelung jemals zur Ganzheit gelangen, aus den vielen Dingen hin zum *einen* Notwendigen, aus unserem in viele Teile zerrissenen Leben zu einem ganzheitlichen Leben im Geist? Das erfordert einen schweren Kampf. Der Kampf geht darum, dem Geist Gottes eine Wirkmöglichkeit in uns zu verschaffen, damit er uns neu schaffen kann. Aber dieser Kampf übersteigt nicht unsere Kräfte. Er erfordert einige ganz bestimmte Schritte, die man sich genau und konkret vornehmen und die man in die Tat umsetzen muß. Er erfordert täglich einige wenige Augenblicke, in denen wir auf die Gegenwart Gottes achten und in denen wir mitten in all dem, was uns bedrängt und beschäftigt, auf seine Stimme hören können. Er erfordert auch das beharrliche Bemühen, mit anderen auf eine neue Weise zusammen zu sein. Dabei kommt es darauf an, die andern nicht als Menschen zu sehen, an die wir uns in unserer Angst klammern können, sondern als Wesen aus unserem eigenen Fleisch und Blut, mit denen wir gemeinsam einen neuen Raum für Gott schaffen können. Diese Schritte, die wir genau ins Auge fassen, diese Einübungen sind die konkrete Verwirklichung dessen, was es heißt, „sein Herz auf das Reich Gottes hin auszurichten".

Wenn wir diese Schritte tun, können wir ganz allmählich die Macht brechen, die unsere Sorgen über uns haben; und so können sie uns zum immerwährenden Gebet führen.

Der Anfang im geistlichen Leben ist oft schwierig. Das kommt daher, daß all das, was uns mit ständigen Sorgen bedrängt, sehr stark ist; und es kommt daher, daß wir ziemlich unfähig sind, die Anwesenheit des Geistes Gottes in uns wahrzunehmen. Wenn wir uns treu an unsere Übungen halten, wird sich indes in uns ein neuer Hunger regen. Dieser neue Hunger ist das erste Anzeichen der Gegenwart Gottes. Wenn wir dann stets für diese Gegenwart Gottes hellhörig sind, werden wir immer tiefer in sein Reich eingeführt werden. Und zu unserer frohen Überraschung werden wir dann entdecken, daß sein Geist alles um uns neu erschafft.

# Zweiter Teil

## Aus dem Alleinsein für andere da sein voller Erwartung

# I

# Aus dem Alleinsein

*Als es aber Abend geworden war, nach Sonnenuntergang, brachte man alle Kranken und Besessenen zu Jesus. Die ganze Stadt war an der Türe versammelt. Und er heilte viele, die an Krankheiten aller Art litten, und trieb viele Dämonen aus. Dabei ließ er die Dämonen nicht sagen, daß sie ihn kannten.*

*In der Frühe, als es noch Nacht war, erhob er sich, ging weg und begab sich an einen einsamen Ort. Dort betete er. Simon und seine Gefährten eilten ihm nach, fanden ihn und sprachen zu ihm: „Alle suchen dich." Da sprach er zu ihnen: „Laßt uns anderswo hingehen, in die umliegenden Ortschaften, damit ich auch dort predige; denn dazu bin ich ausgegangen." Und er wanderte umher, predigte in ihren Synagogen in ganz Galiläa und trieb die Dämonen aus* (Mk 1,32–39).

## Einstieg

In der Frühe, als es noch Nacht war, erhob er sich, ging weg und begab sich an einen einsamen Ort. Dort betete er (Mk 1,35).

Mitten zwischen Sätzen, die von vielfältiger Tätig-keit berichten – von Krankenheilungen, Teufels-austreibungen, Antworten an ungeduldige Jünger, Wanderungen von Stadt zu Stadt, Predigten von Synagoge zu Synagoge –, begegnen wir unverse-hens Worten voller Stille: „In der Frühe, als es noch Nacht war, erhob er sich, ging weg und begab sich an einen einsamen Ort. Dort betete er (Mk 1,35). Da ist einer in atemberaubender Weise ganz für an-dere da, doch mitten darin ist davon die Rede, daß er tief Atem holt. Mitten zwischen seinen Stunden rastlosen Beanspruchtwerdens taucht eine kurze Zeit der Ruhe und des Stillseins auf. Im dichtesten Gedränge zahlreicher Anforderungen stehen Worte, die vom Sich-Zurückziehen handeln. Mit-ten in der Aktion steht die Kontemplation. Und das viele Beisammensein mit anderen mündet in die Einsamkeit.

Je öfter ich diesen nahezu schweigsamen Satz lese, der zwischen die lauten Worte über alles mög-liche Tun eingeschoben ist, desto mehr meine ich zu spüren: hier ist das Geheimnis, aus dem heraus Jesus den Menschen gedient hat; an diesem einsa-men Ort liegt es verborgen, an diesem Ort, zu dem er in der Frühe, als es noch Nacht war, hinaus ging, um zu beten.

An diesem einsamen Ort schöpft Jesus den Mut, nicht seinem eigenen, sondern dem Willen Gottes zu folgen; nicht seine eigenen, sondern Gottes Worte zu sprechen; nicht sein eigenes, sondern Gottes Werk zu erfüllen. Er macht uns häufig darauf aufmerksam: „Ich kann nichts aus mir selbst tun ... denn ich suche nicht meinen Willen, sondern den Willen dessen, der mich gesandt hat" (Joh 5, 30). Und: „Die Worte, die ich zu euch rede, rede ich nicht von mir aus. Der Vater, der in mir bleibt, tut seine Werke" (Joh 14, 10). Der Dienst Jesu quillt aus dem einsamen Ort, an dem er in vertrauter Nähe zum Vater weilt.

Von diesem einsamen Ort in unserem eigenen Leben sollen die folgenden Erwägungen handeln.

Wir ahnen es durchaus, daß unser Leben gefährdet ist, wenn wir keinen einsamen Ort haben. Wir ahnen es durchaus, daß unsere Worte ohne das Schweigen ihren Sinn verlieren; daß unser Sprechen niemanden mehr heilen kann, wenn wir nicht immer wieder Hörende werden; daß unsere Nähe niemanden bergen kann, wenn wir uns nie zurückziehen. Wir ahnen es durchaus, daß all unser Tun rasch zu inhaltsleerem Getue wird, wenn wir keinen einsamen Ort haben. Das christliche Leben kann sich nur entfalten, wo sorgfältig darauf geachtet wird, daß sich Schweigen und Sprechen, Zurückgezogenheit und Einsatz, Ferne und Nähe, Alleinsein und Gemeinschaft die Waage halten. Deshalb müssen wir dieser Aufgabe ganz besondere Aufmerksamkeit widmen. So wollen wir zunächst in Augenschein nehmen, was wir im Alltag treiben, und dann, was in der Einsamkeit geschieht.

## Was wir im Alltag treiben

Ohne Schwierigkeit läßt sich aufzeigen, daß wir in unserer heutigen Welt alle sehr stark darauf aus sind, irgend etwas zustande zu bringen. Manchem von uns schweben große dramatische Umwälzungen der Gesellschaftsordnung vor. Andere wollen sich wenigstens ein Haus bauen, oder sie wollen ein Buch schreiben, eine Maschine erfinden oder einen Preis gewinnen. Andere Zeitgenossen wiederum scheinen ihr Genügen darin zu finden, irgend etwas Nützliches für irgend jemanden zu tun. Aber praktisch geht es uns allen darum, auf irgendeine Weise etwas zum Leben beizutragen. Und wenn wir alt geworden sind, hängt der Umstand, ob wir uns zufrieden oder unerfüllt vorkommen, ein gut Stück weit davon ab, ob wir das Gefühl haben, unser Teil zur Gestaltung unserer Welt und ihrer Geschichte beigetragen zu haben oder nicht. Als Christen sind wir uns sogar einer besonderen Berufung bewußt, für andere irgend etwas Gutes zu tun: indem wir andere beraten oder trösten, einen oder zwei Teufel austreiben, oder womöglich sogar von Stadt zu Stadt die Frohe Botschaft verkünden.

Der Wunsch, sich nützlich zu machen, kann in unserer ziel- und zweckorientierten Gesellschaft ein Zeichen geistiger und geistlicher Gesundheit sein. Er kann aber auch zur Quelle eines lähmenden Minderwertigkeitsgefühls werden. Wir neigen nämlich allzuleicht dazu, nicht nur sinnvolle Dinge tun zu wollen, sondern auch die Ergebnisse unserer Arbeit zum Maßstab für unser Selbstwertgefühl zu machen. Und dann *haben* wir nicht nur Erfolge, sondern wir *sind* unsere Erfolge. Wenn man in unserem Land von Berufs wegen Vorträge zu halten hat, kann man beobachten, daß die einführenden Worte, mit denen man dem Publikum vorgestellt wird, desto länger ausfallen, je älter man wird: Die Sprecher fühlen sich verpflichtet, alle Verdienste des Redners von seiner Collegezeit bis zur Gegenwart aufzuzählen.

Geben wir der Versuchung nach, uns zu sehr von den Ergebnissen unserer Arbeit beeindrucken zu lassen, so setzt sich nach und nach in uns die fragwürdige Überzeugung fest, im Mittelpunkt unseres Lebens stehe eine Tabelle, auf der jemand ständig die Pluspunkte einträgt, die unseren Wert anzeigen. Und ehe wir es recht merken, haben wir unsere Seele an alle möglichen Punkteverteiler verkauft. Das bedeutet dann, daß wir nicht nur *in* der Welt, sondern auch *von* der Welt sind. Dann werden wir das, was die Welt aus uns macht. Wir sind dann intelligent, weil uns jemand einen ansehnlichen akademischen Titel verleiht. Wir sind hilfsbereit, weil sich jemand bei uns bedankt. Wir sind liebenswürdig, weil uns jemand zeigt, daß er uns mag. Und wir sind wichtig, weil uns jemand für unentbehrlich hält. Kurz: Wir sind brauchbar, weil wir Erfolge haben. Und je mehr wir das, was wir zustande bringen – die Ergebnisse unserer rastlosen Geschäftigkeit –, in den Rang eines Maßstabes für unser Selbstwertgefühl erheben, desto angestrengter bewegen wir uns auf unseren geistigen und geistlichen Zehenspitzen durchs Leben, stets in der bangen Sorge, wir könnten nicht mehr den Erwartungen entsprechen, die wir durch unsere letzten Erfolge geweckt haben. Im Leben vieler Menschen führt das zu einer geradezu teuflischen Kettenreaktion, in der ihre Ängste im Gleichschritt mit ihren Erfolgen zunehmen. Diese dunkle Macht hat viele der größten Künstler in die Selbstzerstörung getrieben.

In dieser Welt, die unter dem Diktat des Erfolgs steht, wird unser Leben immer mehr von Superlativen beherrscht. Wir rühmen uns, den höchsten Turm zu haben, den schnellsten Läufer, den größten Menschen, die längste Brücke und den besten Studenten. (In Holland rangelt man sich um die umgekehrten Rekorde: Wir haben die kleinste Stadt, die engste Straße, das kleinste Häuschen und die unbequemsten Schuhe.)

Aber unter der Oberfläche unserer aufgepeitschten Sucht nach Erfolgen leiden viele von uns unter einem eingefleischten Minderwertigkeitsgefühl und laufen mit der ständigen Angst durchs Leben, eines Tages könne jemand die Illusion aufdecken und ans Licht bringen, daß wir gar nicht so nett, so gut, so liebenswürdig sind, wie wir der Welt vorgemacht haben. In einem schwachen Augenblick gesteht dann der eine oder andere gelegentlich ein: „Alle halten mich für einen so stillen, gesetzten Menschen. Wenn die wüßten, wie ich mich selber fühle ...!" Dieser nagende Selbstzweifel ist der Nährboden für viele Depressionen im Leben unserer Zeitgenossen, die sich in unserer Wettbewerbsgesellschaft abzappeln. Zudem verhindert diese nagende Angst vor der Offenbarung unserer Schwachheit, daß unter uns Menschen echte Gemeinschaft wächst und daß wir unsere schöpferischen Gaben miteinander teilen. Haben wir erst einmal unser Selbstwertgefühl an die Richter dieser Welt verkauft, so bleibt uns nichts anderes als die Rastlosigkeit übrig, denn wir müssen ja ständig darum bangen, weiterhin bejaht und belobigt zu werden. Die Folge ist, daß wir ständig mit uns selbst unzufrieden sind und zunehmend vom Kleinmut angefochten werden. Wir geraten dann in die schlimme Gefahr, uns abzukapseln, denn Freundschaft und Liebe wachsen ja nur, wo Menschen den Mut haben, sich auch ihre wunden Stellen zu offenbaren.

Wenn auf diese Weise alles, was wir tun, eher ein Ausdruck unserer Angst als unserer inneren Freiheit wird, werden wir leicht zu Gefangenen unserer selbstgeschaffenen Illusionen.


## Was in der Einsamkeit geschieht

Ein christliches Leben führen heißt: *in* der Welt leben, ohne *von* ihr zu sein. Diese innere Freiheit kann vor allem in der Einsamkeit wachsen. Jesus ging an einen einsamen Ort. Dort betete er. Das heißt, er wurde immer mehr dessen inne, daß ihm alle Macht, die er besaß, geschenkt war; daß alle Worte, die er sagte, *von seinem Vater* stammten; und daß alle Taten, die er vollbrachte, im Grunde nicht die seinigen, sondern die Taten *des einen* waren, der ihn gesandt hatte. An dem einsamen Ort gewann Jesus die Freiheit, zum Scheitern ja zu sagen.

In einem Leben ohne einen einsamen Ort, das heißt, in einem Leben ohne einen stillen Mittelpunkt, wird leicht eine zerstörerische Kraft wirksam. Wenn wir uns an die Ergebnisse unserer Taten klammern, weil *sie* unser ganzes Selbstbewußtsein ausmachen, werden wir besitzgierig und schlagen nach allen Seiten um uns; wir neigen dann dazu, unsere Mitmenschen eher als Feinde zu empfinden, die es sich vom Leib zu halten gilt, und nicht als Freunde, mit denen man die Gaben seines Lebens teilen kann.

In der Einsamkeit können wir nach und nach entlarven, welche Illusion unsere Besitzgier darstellt, und wir können im Mittelpunkt unseres eigenen Wesens entdecken, daß wir nicht das sind, was wir *erkämpfen,* sondern das, was uns *geschenkt* wird. In der Einsamkeit können wir auf die Stimme dessen hören, der zu uns gesprochen hat, noch ehe wir imstande waren, ein einziges Wort zu sprechen; der uns geheilt hat, noch ehe wir Anstalten machen konnten, jemandem zu helfen; der uns freigesetzt hat, lange bevor wir andere befreien konnten, und der uns geliebt hat, lange bevor wir fähig waren, irgend jemanden zu lieben.

Diese Einsamkeit ist der Ort, an dem wir entdecken können, daß *Sein* wichtiger als *Haben* ist und daß wir mehr wert sind als das, was auf der Schautafel unserer Erfolge aufleuchtet. In der Einsamkeit entdecken wir, daß unser Leben nicht ein *Besitztum* ist, das wir *verteidigen* müssen, sondern ein *Geschenk,* das wir mit anderen *teilen* dürfen. Dort geht uns auf, daß die heilenden Worte, die wir sprechen, nicht von uns selbst stammen, sondern uns geschenkt werden; daß die Liebe, die wir andere spüren lassen können, Anteil an einer größeren Liebe ist; und daß das neue Leben, das wir hervorbringen, nicht ein Eigentum ist, an das wir uns klammern müssen, sondern ein Geschenk, für das wir die Hände offenhalten dürfen.

In der Einsamkeit werden wir gewahr, daß unser Wert nicht das gleiche ist wie unsere Nützlichkeit. Wir können in dieser Hinsicht viel von dem alten Baum in der Tao-Geschichte vom Zimmermann und seinem Lehrling lernen:

„Ein Zimmermann und sein Lehrling gingen miteinander durch einen großen Wald. Als sie auf einen großen, riesigen, knorrigen, alten, wunderschönen Eichbaum stießen, fragte der Zimmermann seinen Lehrling: ‚Weißt du, weshalb dieser Baum so groß, so riesig, so knorrig, so alt und so wunderschön ist?' Der Lehrling schaute seinen Meister an und sagte: ‚Nein ... warum?'

‚Deshalb', sagte der Zimmermann, ‚weil er nutzlos ist. Wäre er brauchbar gewesen, dann wäre er schon lange gefällt und zu Tischen und Stühlen verarbeitet worden. Aber weil er unbrauchbar ist, konnte er so groß und so wunderschön werden, daß man sich nun in seinen Schatten setzen und sich unter ihm erholen kann.'"

In der Einsamkeit können wir in Freiheit alt werden, ohne uns ständig den Kopf über unseren Nutzen zerbrechen zu müssen; und dann können wir einen Dienst anbieten, den wir nicht vorauskalkuliert hatten. In dem Maß, in dem wir uns aus unseren Abhängigkeiten an diese Welt gelöst haben, was immer man unter „Welt" verstehen kann – Vater, Mutter, Kinder, Karriere, Erfolg oder Auszeichnungen –, sind wir zum Aufbau einer Gemeinschaft des Glaubens fähig, in der es wenig zu verteidigen, aber viel zu teilen gibt. Denn als Gemeinschaft des Glaubens nehmen wir die Welt ernst, aber nie *zu* ernst. In einer solchen Gemeinschaft können wir ein wenig die Einstellung von Papst Johannes übernehmen, der über sich selbst lachen konnte. Als irgendeine hochgestellte Persönlichkeit ihn fragte: „Heiliger Vater, wie viele Menschen arbeiten im Vatikan?", überlegte er kurz und sagte dann: „Na, ich schätze, ungefähr die Hälfte von ihnen."

Als Gemeinschaft des Glaubens arbeiten wir angestrengt; wenn aber dann die Erfolge ausbleiben, zerstört uns das nicht am Boden. Und als Gemeinschaft des Glaubens erinnern wir einander unablässig daran, daß wir füreinander Gefährten in der Schwachheit sind, durchsichtig für den, der an den einsamen Orten unseres Lebens zu uns spricht und zu uns sagt: „Fürchte dich nicht, ich nehme dich, wie du bist."

## *Schlußgedanke*

„In der Frühe, als es noch Nacht war, erhob er sich, ging weg und begab sich an einen einsamen Ort. Dort betete er" (Mk 1, 35). Als ihn Simon und seine Gefährten fanden, sagte Jesus: „Laßt uns anderswo hingehen, in die umliegenden Ortschaften, damit ich auch dort predige; denn dazu bin ich ausgegangen" (Mk 1, 38).

Die Worte, mit denen Jesus in diesen umliegenden Ortschaften zu den Menschen sprach, waren ihm aus der vertrauten Begegnung mit dem Vater erwachsen. Es waren Worte des Trostes und der scharfen Verurteilung, Worte der Hoffnung und der Warnung, einheitstiftende und zertrennende Worte. Er hatte den Mut, alle diese herausfordernden Worte auszusprechen, weil er sich nicht um seine eigene Ehre zu kümmern brauchte: „Wenn ich mich selbst ehrte", so sagte er, „wäre meine Ehre nichts. Mein Vater ist es, der mich ehrt, von dem ihr sagt: ‚Er ist unser Gott.' Und doch habt ihr ihn nicht erkannt" (Joh 8, 54–55).

Schon nach wenigen Jahren bekam Jesus die Folgen seiner Worte zu spüren: die Verwerfung und den Tod. Aber der Vater, der an dem einsamen Ort mit ihm gesprochen hatte, ließ ihn wieder aufstehen als ein Zeichen der Hoffnung und des neuen Lebens.

Wer es fertigbringt, sich mitten in seinen Unternehmungen und Sorgen einen einsamen Ort einzurichten, der wird sich allmählich aus der Tyrannei lösen, die seine Erfolge und seine Fehlschläge über ihn ausüben. Seine Anhänglichkeit an diese Welt schwindet, und an ihre Stelle tritt die Fähigkeit, voll Mitleid die Illusionen zu durchschauen, die sie anbietet. Dann kann er sich ernsthaft einsetzen und doch zugleich entwaffnend lächeln. Dann macht er sich immer weniger aus eigenem Bedürfnis um andere Menschen Sorgen, sondern er läßt sich von den wirklichen Bedürfnissen der Menschen fordern. Kurz: dann kann er für andere *da sein.*

Laßt uns deshalb unser Leben voll leben; aber laßt uns nicht vergessen, immer wieder einmal in der Frühe, wenn es noch Nacht ist, aufzustehen, wegzugehen und uns an einen einsamen Ort zu begeben.

# II

# Für andere da sein

(Jesus und seine Apostel) fuhren mit einem Boot an einen einsamen Ort, um allein zu sein. Aber man sah sie abfahren, und viele merkten es, und sie liefen zu Fuß aus allen Städten dorthin zusammen und kamen noch vor ihnen an. Und als er ausstieg, sah er eine große Volksmenge und wurde von Mitleid mit ihnen ergriffen, denn sie waren wie Schafe, die keinen Hirten haben, und er begann, sie vieles zu lehren. Und als es schon spät geworden war, traten seine Jünger zu ihm hin und sagten: „Die Gegend ist einsam, und es ist schon spät. Entlasse sie, damit sie in die umliegenden Höfe und Dörfer gehen und sich etwas zu essen kaufen." Doch er antwortete ihnen: „Gebt ihr ihnen zu essen." Da sagten sie zu ihm: „Sollen wir gehen und für zweihundert Denare Brot kaufen und ihnen zu essen geben?" Er aber sprach zu ihnen: „Wie viele Brote habt ihr? Geht, schaut nach!" Und als sie nachgesehen hatten, sagten sie: „Fünf, und zwei Fische." Da befahl er ihnen, alle sollten sich in Tischgemeinschaften auf dem grünen Gras lagern. Und sie lagerten sich in Gruppen zu je hundert und fünfzig. Da nahm er die fünf Brote und die zwei Fische, blickte zum Himmel auf, sprach das Segensgebet, brach die Brote und gab sie den Jüngern, damit sie sie ihnen vorlegten; auch die zwei Fische teilte er an alle aus. Und alle

*aßen und wurden satt. Und sie hoben die Brocken auf,*
*zwölf Körbe voll, und Reste von den Fischen. Und die die*
*Brote gegessen hatten, waren fünftausend Männer* (Mk
6,32–44).

## Einstieg

Aus seiner Einsamkeit heraus reichte Jesus seine
helfende Hand den Menschen, die in Not waren.
Am einsamen Ort reifte seine sorgende Liebe zu ihrer vollen Kraft. Und von diesem Ort aus ging er zu
seinen Mitmenschen und heilte sie durch seine
Nähe.

Jesus war wirklich für andere da. „Natürlich", sagen wir Pragmatisten: „Er speiste Hungrige, er
schenkte Blinden das Augenlicht wieder, Tauben
das Gehör; Lahme konnten wieder gehen, Tote
standen auf. Er war wirklich für andere da." Wir
staunen durchaus über all die bemerkenswerten
Dinge, die er vollbracht hat; allerdings übersehen
wir dabei allzuleicht, daß Jesus sich zuerst von einem Unbekannten aus dieser Menge einige Brote
und Fische reichen ließ, ehe er sie speiste; daß er
zuerst das Leid der Witwe von Nain mitempfand,
ehe er ihr ihren Sohn zurückschenkte; und daß er
zuerst weinte und aus tiefstem Herzen erregt war,
ehe er Lazarus aus dem Grab herausrief. Was wir
zuallererst sehen, ist meist die Tatsache der Heilung und der Veränderung. Aber was wir übersehen und gar nicht recht sehen wollen, ist der Um-

stand, daß er ganz bei den Menschen da ist, daß er an ihrem Schmerz teilnimmt, ihre Leiden teilt, ihre Erfahrung der Gebrochenheit mitträgt.

Ja, jemanden heilen, ohne richtig Anteil an ihm zu nehmen, ist das gleiche, wie wenn man jemandem ohne jede innere Regung ein Geschenk in die Hand drückt: es ist bar jeder Menschlichkeit.

Das Folgende soll eine kleine Betrachtung darüber sein, daß das Da-Sein bei anderen und für andere die Vorbedingung für alles Heilen ist. Wir in unserer Gesellschaft sind in erster Linie auf das Heilen bedacht. Wir möchten Profis sein: Experten in Heilkunst, in Armenhilfe, in Unterricht und Sozialfürsorge. Dabei sind wir versucht, uns mittels unserer fachmännischen Fähigkeit alles, was uns wirklich angeht, in sicherem Abstand vom Leib zu halten; und wir vergessen dabei allzuleicht, daß auf lange Sicht ein Heilen ohne innere Anteilnahme eher schädlich als hilfreich ist. Deshalb wollen wir zuerst näher zusehen, was mit Da-Sein für andere wirklich gemeint ist, und dann betrachten, wie dieses Da-Sein für andere zur Grundlage des Lebens miteinander werden kann.

### Für andere da sein

Was bedeutet das: Für einen anderen Menschen da sein? Es bedeutet, daß uns dieser Mensch nicht gleichgültig ist; daß uns sein Zustand nicht kalt läßt, sondern daß er uns zutiefst anrührt. Die englische Sprache kennt zur Beschreibung dieser teilnahmsvollen Sorge das Wort „care". Allerdings ist dieser Ausdruck im allgemeinen Sprachgebrauch ziemlich verflacht. Wenn jemand sagt: „I will take care of him – Ich werde mich um ihn kümmern!", dann klingt das eher wie die Ankündigung eines bevorstehenden Angriffs und nicht wie der Vorsatz, sich einfühlsam der Not des Betreffenden anzunehmen. Daneben wird das Wort „care" inzwischen oft mit einem „nicht" verbunden und ist dann ein Ausdruck völliger Gleichgültigkeit. „Hättest du lieber Kaffee oder Tee?" – „I don't care – Ist mir gleich." „Möchtest du lieber daheim bleiben oder ins Kino gehen?" – „I don't care – Ist mir gleich." „Möchtest du lieber zu Fuß oder mit dem Auto fortgehen?" – „I don't care – Ist mir gleich." Diese Redewendung gebraucht man heutzutage immer dann, wenn man sagen will, die und die Entscheidung im Alltag sei einem völlig gleichgültig. Und oft entsteht der Eindruck, es gälte als die vernünftigere Haltung, „not to care", sich nicht groß den Kopf zu zerbrechen, statt „to care", d. h.: sich von etwas bewegen zu lassen. Ein Leben ohne alle „care", ohne alles Betroffenwerden, scheint wesentlich beliebter zu sein als ein Leben der Anteilnahme am Ergehen anderer.

Das Wort „care" stammt aus der gotischen Wurzel „kara". „Kara" bedeutet: Klage. Die Grundbedeutung von „care" ist also: traurig sein, Leid empfinden, aufschluchzen.

Die Grundbedeutung dieses Wortes „care" ist

recht eindrucksvoll, denn bei uns verbindet sich mit „care", mit dem Da-Sein für andere, eher die Vorstellung, daß sich Starke um Schwache kümmern, Mächtige um Machtlose, Wohlhabende um Habenichtse. Und wir fühlen uns tatsächlich nicht besonders wohl, wenn uns zugemutet wird, uns dem Schmerz eines anderen Menschen auszuliefern, ohne sofort etwas dagegen unternehmen zu können.

Aber wenn wir uns nüchtern fragen, welche Menschen uns in unserem Leben am meisten bedeutet haben, dann geht uns auf, daß es oft diejenigen waren, die mit gar keinen großen Ratschlägen, Lösungen oder Heilverfahren aufwarten konnten, sondern die einfach unseren Schmerz geteilt und vorsichtig und behutsam unsere Wunden berührt haben. Ein Freund, der für mich *da* ist, das ist einer, der schweigend bei mir sein kann, wenn ich verzweifelt oder verwirrt bin; einer, der bei mir bleibt, wenn ich in Gram und Kummer versinke; einer, der mit mir die Erfahrung aushält, nicht weiterzuwissen, nicht abhelfen, nicht heilen zu können; einer, der mit mir der Tatsache ins Auge sieht, daß ich völlig hilflos bin.

Es geschieht jedem Menschen, daß er zu einem guten Bekannten gerufen wird, der gerade seinen Ehegefährten, sein Kind, seinen Vater oder seine Mutter verloren hat. Was kann man in einer solchen Lage sagen, tun, vorschlagen? Wir haben dann leicht Beschwichtigungen auf der Zunge liegen wie: „Weine nicht. Er ist jetzt in Gottes Hand."

„Sei nicht so traurig. Es gibt doch immer noch genug schöne Dinge, die das Leben lebenswert machen."

Sind wir wirklich bereit, unserer Hilflosigkeit angesichts des Todes ins Auge zu sehen und zu sagen: „Ich kann das auch nicht verstehen. Ich weiß auch keinen Ausweg. Aber ich bleibe in dieser Lage einfach bei dir."? Sind wir willens, dort, wo man nichts mehr machen kann, *nicht* vor dem Schmerz davonzulaufen und nicht in geschäftige Betriebsamkeit zu fliehen, sondern einfach mit denen, die trauern, hilflos vor dem Angesicht des Todes *stehenzubleiben*?

Ein Freund, der für mich da ist, schenkt mir die Erfahrung, daß bei allem, was in der Welt der äußeren Dinge passiert, letztlich nur der Umstand zählt, daß man füreinander da ist. Das zählt mehr als der Schmerz, als die Krankheit und sogar als der Tod.

Es ist erstaunlich, wieviel Trost und Hoffnung uns Schriftsteller schenken können, die den Mut haben, einfach in aller Ehrlichkeit und Aufrichtigkeit die Fragestellungen ihres eigenen Lebens ins Wort zu bringen, selbst wenn sie dafür keine Antworten anbieten können. Kierkegaard, Sartre, Camus, Hammarskjöld und Merton haben keine Lösungen aufgezeigt. Und doch haben viele von uns, die ihre Werke gelesen haben, daraus neue Kraft für ihr eigenes Suchen geschöpft. Der Mut dieser Schriftsteller, sich ganz tief in das menschliche Leiden einzulassen und sich ihrem eigenen Schmerz schutzlos auszuliefern, hat ihnen die Fähigkeit verliehen, Worte zu formulieren, von denen etwas Heilendes ausgeht.

So bedeutet „für andere da sein" zuallererst: in einer bestimmten Lage beieinander bleiben. Wir wissen aus Erfahrung, daß uns Menschen, die für uns da sind, ganz gegenwärtig sind. Wenn ein Mensch, der für mich da ist, mir zuhört, hört er mir *ganz* zu. Wenn er spricht, spüre ich, daß er wirklich mit mir spricht. Und wenn er mich etwas fragt, weiß ich, daß er danach um meinetwillen, und nicht aus bloßer Neugier fragt. Seine Gegenwart schenkt das Empfinden einer heilenden Nähe, denn er nimmt mich so an, wie ich bin; er macht mir Mut, mein eigenes Leben ernst zu nehmen und darauf zu vertrauen, daß ich eine ganz eigene Berufung habe.

Wir neigen dazu, vor allen schmerzlichen Wirklichkeiten davonzulaufen oder zu versuchen, sie sobald wie möglich zu beheben. Aber wenn wir eine Situation beheben wollen, ohne uns zunächst einmal mit dem andern ganz in sie einzulassen, werden wir zu Befehlshabern, Kontrolleuren und Manipulierern; dann entsteht keine wirkliche Schicksalsgemeinschaft. Wenn wir nur abhelfen wollen, ohne zunächst *da* zu sein, sind wir nur auf schnelles Ändern der Lage aus und reagieren auf den Anspruch, einander die Last des Lebens tragen zu helfen, mit Ungeduld und Unwillen. Unser Versuch zu helfen wirkt dann eher verletzend als befreiend. Aus diesem Grund ist es durchaus verständlich, wenn immer wieder Menschen, die in Not sind, sich nicht helfen lassen wollen. Nicht nur einzelne haben Hilfe abgelehnt, wenn sie spürten, daß der andere nicht wirklich für sie da sein wollte, sondern auch unterdrückte Minderheiten haben sich gegen Unterstützung gesperrt; Völker in Not haben Medikamente und Lebensmittel abgelehnt, wenn ihnen deutlich wurde, daß es besser sei, zu leiden, als ihre Selbstachtung dadurch zu verlieren, daß sie Almosen aus der Hand von Menschen annahmen, die nicht wirklich für sie da sein wollten.

## Mit anderen da sein

Das stellt uns vor die dringende Frage: Wie können wir eine Gemeinschaft von Menschen sein oder werden, die füreinander *da* sind, eine Gemeinschaft von Menschen, die nicht versuchen, den Schmerz zu überdecken oder ihm durch spitzfindige Ausflüchte auszuweichen, sondern im Gegenteil ihn gemeinsam zu tragen als eine Quelle, die Heilung und neues Leben schenkt? Es ist unmöglich, einen akademischen Grad im Da-Sein für andere zu erwerben. Man kann seine Pflicht zum Da-Sein nicht an Spezialisten übertragen, und deshalb kann sich niemand der Aufgabe, für andere da zu sein, entziehen. Dies deutlich zu sehen, ist wichtig, denn in einer Gesellschaft wie der unsrigen neigen wir alle sehr stark dazu, alle Aufgaben an irgendwelche Spezialisten abzuschieben. Wenn sich jemand nicht wohl fühlt, kommt uns sofort die Frage: „Wo ist der nächste Arzt?" Wenn jemand nicht mehr weiter weiß, schicken wir ihn schnell zu einem Lebensberater. Und wenn jemand im Sterben liegt, rufen wir rasch einen Priester herbei. Und selbst wenn irgendwo ein Gebet verrichtet werden soll, sieht man sich nach einem Geistlichen um.

„Das war auch schon vor zweihundert Jahren so, im Juni 1787, zur Zeit der Ausarbeitung der Verfassung der Vereinigten Staaten. Als die Diskussion hoffnungslos verfahren schien, schlug Benjamin Franklin vor, die Sitzungen mit einem Gebet zu eröffnen. Doch der Ausschuß, der darüber entscheiden sollte, verwarf den Antrag. Die Teilnehmer glaubten zwar durchaus an die Kraft des Gebets, aber, so wurde der Bescheid begründet, es stand kein Geld zur Verfügung, um einen Geistlichen dafür zu bezahlen" (vgl. S. E. Morrison, The Oxford History of the American People. New York 1965, S. 307–308).

Obwohl es gewöhnlich durchaus sinnvoll ist, sich an andere um Hilfe zu wenden, ist diese Hilfesuche doch in vielen Fällen eher ein Zeichen der Angst, sich dem Schmerz stellen zu müssen, und nicht ein Zeichen umsichtiger Sorge und Anteilnahme. Dann bleibt unsere größte Gabe, nämlich die, einander zu heilen, brach liegen. Jeder Mensch hat eine starke Begabung, für andere da zu sein, anderen gegenwärtig zu sein, sich ihnen zuzuwenden, ihnen zuzuhören und etwas von ihnen zu empfangen. Aber viele Menschen entdecken sie gar nicht. Würde diese Gabe freigesetzt und spürbar, so könnten buchstäblich Wunder geschehen.

Wer wirklich von einem Fremden ein Brot annehmen und voll Dankbarkeit lächeln kann, der kann vielen Nahrung geben, ohne es selbst recht zu merken. Wer schweigend bei seinem Kameraden sitzen kann, ohne zu wissen, was er sagen soll, aber mit dem Bewußtsein, daß er jetzt dableiben muß, der kann ein Herz, das dem Tod nahe ist, zu neuem Leben ermutigen. Wer sich nicht scheut, aus Dankbarkeit eine Hand zu halten, in seiner Trauer Tränen zu vergießen, in seiner Qual dem Stöhnen seines Herzens freien Lauf zu lassen, der kann hemmende Grenzen durchstoßen und zum Zeugen der Geburt einer neuen Brüderlichkeit werden, der Brüderlichkeit der Gebrochenen.

Woher kommt es, daß wir diese großartige Begabung zum Da-Sein füreinander so tief versteckt halten? Woher kommt es, daß wir ständig unsere Groschen verteilen und uns dabei scheuen, dem Bettler ins Gesicht zu sehen? Woher kommt es, daß wir uns nicht zu dem einsamen Esser im Speisesaal setzen, sondern uns lieber nach unseren guten Bekannten umsehen? Woher kommt es, daß wir so selten an eine Tür klopfen oder nach dem Telefon greifen, nur um kurz einmal einen „Guten Tag" zu wünschen und einander zu zeigen, daß wir aneinander denken? Warum ist ein Lächeln so selten zu haben? Warum kommen uns trostvolle Worte so schwer über die Lippen? Warum ist es so schwierig, einem Lehrer ein paar Worte des Dankes zu sagen, einem Studenten ein paar Worte der Anerkennung, den Männern und Frauen, die sich um Küche, Hausputz und Garten kümmern, ein paar Worte der Wertschätzung? Warum laufen wir ständig aneinander vorbei, ständig unterwegs zu irgend etwas oder irgend jemandem ganz wichtigem?

Vielleicht einfach deshalb, weil wir selbst so darauf versessen sind, anders als die anderen zu sein. Und darum gestatten wir es uns nicht, unsere schwere Rüstung abzulegen und uns einander mit all unserer Verwundbarkeit zu begegnen. Vermutlich haben wir deshalb keinen Platz mehr, um anderen zuzuhören und von ihnen zu lernen, weil wir uns randvoll mit unseren eigenen Meinungen, Ideen und Überzeugungen vollgestopft haben.

Es gibt eine Geschichte über einen Universitätsprofessor, der zu einem Zen-Meister kam, um von ihm einiges über Zen zu erfahren. Nan-in, der Zen-Meister, reichte ihm Tee. Er goß ihm Tee in die Tasse und goß weiter, als die Tasse bereits überlief. Der Professor sah die Tasse überlaufen und konnte schließlich nicht mehr an sich halten. „Die Tasse läuft über! Sie können nicht noch mehr hineingießen!" „Wie diese Tasse", entgegnete ihm Nan-in, „sind Sie randvoll mit Ihren eigenen Ansichten und Spekulationen. Wie soll ich Ihnen Zen beibringen können, wenn Sie nicht erst einmal Ihre Tasse leeren?"

Da-Sein für einen anderen heißt zuallererst einmal meine eigene Tasse leeren und es dem anderen ermöglichen, an mich heranzukommen. Es heißt, all die vielen Schranken aufheben, die einer tieferen Begegnung miteinander im Weg stehen. Wenn ich den Mut habe, für einen anderen da zu sein, entdecke ich, daß mir nichts Menschliches fremd ist, sondern daß mein eigenes Herz alle Höhen und Tiefen des Hasses und der Liebe, der Grausamkeit und des Mitleids, der Angst und der Freude als seine eigenen Zustände kennt. Wenn ich den Mut habe, mit anderen da zu sein, muß ich bekennen, daß ich genausogut wie ein wirklicher Mörder imstande, wäre, einen anderen umzubringen. Ich wäre imstande, andere genauso zu foltern, wie es irgend jemand tatsächlich getan hat. Ich wäre auch imstande, jemanden zu heilen, wie das andere Menschen fertigbringen. Und wie andere Menschen Leben schenken können, so könnte ich das auch. Ich kann mich in den Soldaten versetzen, der einen Menschen tötet, in den Wärter, der einen Menschen quält, in den jungen Mann, der mit seinem Leben spielt, als gehe es nie zu Ende, und in den alten Mann, dem aus Angst vor dem Sterben das Spielen vergangen ist.

Wenn wir ehrlich anerkennen und eingestehen, daß wir als Menschen alle gleich sind, erlangen wir Anteil an jener Haltung des Da-Seins und Mit-Seins, die Gott uns gegenüber an den Tag gelegt hat. Gott ist zu uns gekommen, nicht zu den Mächtigen, sondern zu den Machtlosen. Er ist nicht als ganz anderer gekommen, sondern wie einer von uns. Er ist nicht gekommen, um unseren Schmerz wegzunehmen, sondern um ihn zu teilen.

Durch diese Anteilnahme können wir unsere

Herzen füreinander öffnen und so zu einer neuen Gemeinschaft zusammenwachsen.

## Schlußgedanke

Jesus hat sich zunächst fünf Brote und zwei Fische geben lassen; dann hat er sie der Menge zurückgeschenkt, und mit einemmal war für alle Nahrung in Fülle da. Er hat verschenkt, was er zuvor angenommen hat. Weil er die Hungrigen zunächst angenommen hat, konnte er ihnen Nahrung geben; weil er mit den Leidenden mitgelitten hat, konnte er sie heilen; weil er für die Kranken *da* gewesen ist, konnte er sie gesund machen. Wer mit denen, die in Not sind, weinen kann, der kann sie auch beschenken, ohne sie zu verletzen.

Solange wir nicht die Fähigkeit entwickeln, die schreiende Not der Leidenden mitzuempfinden, sondern nur mit unserem Bedürfnis beschäftigt, ja von ihm besessen sind, etwas Gutes zu tun, bleibt unsere Hilfe ein halblebiges Unternehmen, das sich zwischen unseren Händen und unserem Hirn abspielt und nicht bis in unser Herz hinab reicht. Aber nur mit unserem Herzen können wir für andere wirklich *da* sein. Doch in der Einsamkeit kann unser Herz nach und nach seine vielen Täuschungsmanöver bleiben lassen, mit denen es sich abschirmt; es kann so weit und tief werden, daß ihm nichts Menschliches mehr fremd ist.

Dann wächst in uns die Fähigkeit, zerknirscht

und erschüttert zu sein, ja uns zerbrechen zu lassen, nicht nur von unseren eigenen Sünden und Mängeln, sondern auch von der Not und dem Leiden unserer Mitmenschen. Dann kann in uns eine neue Empfindsamkeit erwachen, die weit über die Grenze unserer menschlichen Anstrengungen hinausreicht. Dann werden wir uns aus unserer furchtsamen Engherzigkeit und Sorge, nicht genug Nahrung für uns selbst zu haben, lösen, zu einem befreiten Lächeln. Wir werden dann staunend feststellen, daß immer noch zwölf Körbe voller Brot und Fische übrigbleiben, wenn wir den Hunger von über fünftausend Menschen gestillt haben. Dann kann unsere Fähigkeit zum Da-Sein für andere, die in der Einsamkeit gereift ist, zum Zeichen unseres vertrauensvollen Wartens auf jenen Tag in der Zukunft werden, an dem unsere Freude vollkommen sein wird.

# III

# Voller Erwartung

*(In der Nacht, als er verraten wurde, sagte Jesus zu seinen Aposteln:) „Eine kleine Weile, und ihr seht mich nicht mehr. Und wieder eine kleine Weile, und ihr werdet mich sehen." Da sprachen einige seiner Jünger untereinander: „Was soll das heißen, was er zu uns sagt: ‚Eine kleine Weile, und ihr seht mich nicht mehr; und wieder eine kleine Weile, und ihr werdet mich sehen'? Und: ‚Ich gehe zum Vater'?" Sie sagten also: „Was ist das: ‚eine kleine Weile'? Wir verstehen nicht, von was er redet." Jesus merkte, daß sie ihn fragen wollten, und sprach zu ihnen: „Darüber fragt ihr euch untereinander, daß ich gesagt habe: eine kleine Weile, und ihr seht mich nicht mehr; und wieder eine kleine Weile, und ihr werdet mich sehen? Wahrlich, wahrlich, ich sage euch: Ihr werdet weinen und klagen, die Welt aber wird sich freuen. Ihr werdet traurig sein, aber eure Trauer wird zur Freude werden. Wenn die Frau gebiert, ist sie traurig, weil ihre Stunde gekommen ist. Wenn sie aber das Kind geboren hat, denkt sie nicht mehr an die Bedrängnis vor Freude darüber, daß ein Mensch zur Welt geboren ist. So seid auch ihr jetzt traurig. Aber ich werde euch wiedersehen. Da wird euer Herz sich freuen. Und eure Freude nimmt euch niemand weg" (Joh 16, 16–22).*

## Einstieg

Wenn man im Alleinsein gelernt hat, für andere da zu sein, dann läßt sich dieses Da-Sein auf längere Sicht nur leben, sofern es getragen wird vom hoffnungsvollen Warten auf den Tag der Vollendung, an dem Gott alles in allem sein wird. Ohne diese Erwartung kann das Mitleiden mit anderen leicht verkümmern zu einem krankhaften ständigen Kreisen um die leidvollen Aspekte des Lebens; es nährt dann eher ein ständiges gemeinsames Jammern und Klagen, als daß es das Wachstum einer wirklichen Gemeinschaft fördert. Aber Jesus befreit uns vom Jammern über unseren eigenen Zustand, indem er unseren Blick über die kleine Weile des gegenwärtigen Da-Seins hinausführt bis zum großen Tag der Vollendung in der Freude. „Eine kleine Weile, und ihr seht mich nicht mehr. Und wieder eine kleine Weile, und ihr werdet mich sehen ... Ihr seid jetzt traurig. Aber ... euer Herz wird sich freuen. Und eure Freude nimmt euch niemand weg" (Joh 16, 19.22).

Unsere Lebenszeit ist eine kleine Weile der Erwartung, eine Zeit, in der stets Trauer und Freude ineinander verwoben sind. Ein Grundzug der Trauer durchzieht alle Augenblicke unseres Lebens. Allem Anschein nach gibt es keine völlig ungetrübte, völlig reine Freude, sondern selbst in den glücklichsten Stunden unseres Lebens weht uns leise ein Hauch von Traurigkeit an. In jeder Erfüllung steckt zugleich das Empfinden, wiederum an

Grenzen zu stoßen. Jeder Erfolg fühlt sich von der Eifersucht bedroht. Hinter jedem Lachen ist eine Träne versteckt. Jede Umarmung verbirgt ein Stück Einsamkeit. In jeder Freundschaft lebt das Empfinden, dennoch getrennt zu sein. Und was immer wir an Licht erfahren: Wir wissen zugleich, daß dieser helle Kern von Dunkelheit umgeben ist. Freude und Trauer gehören zu ein und demselben Bild, wie die leuchtend bunten Herbstblätter und die nüchterne Kahlheit der Bäume zusammengehören. Wenn du beim Wiedersehen die Hand deines Freundes ergreifst, weißt du bereits, daß ihr euch wieder verabschieden müßt. Wenn dich die stille Weite des Sonnenuntergangs am Meer ergreift, empfindest du schmerzlich, daß dein Freund nicht da ist, um dieses Erlebnis mit dir zu teilen. Freude und Traurigkeit kommen stets gemeinsam zur Welt. Beide steigen aus so tiefen Gründen deines Herzens auf, daß dir die Worte fehlen, um deinen gemischten Empfindungen einen angemessenen Ausdruck zu verleihen.

Aber diese innerste Erfahrung, daß an ein jedes Stück Leben ein Stück Sterben geknüpft ist, kann unsere Blicke auf einen Punkt jenseits der Grenzen unseres Daseins lenken. Sie kann es, indem sie in uns die Erwartung des Tages weckt, an dem unsere Herzen mit vollkommener Freude erfüllt werden, mit einer Freude, die uns niemand mehr nehmen wird. So wollen wir jetzt ein wenig darüber nachsinnen, was es bedeutet, in Erwartung zu sein. Zunächst wollen wir die Haltung des Wartens als eine

Form der Geduld, und dann als eine Form der Freude betrachten.

## Erwartung als eine Form der Geduld

Die Mutter der Erwartung ist die Geduld. Simone Weil schreibt in ihren Aufzeichnungen: „Das Fundament des geistlichen Lebens ist das Warten und Ausschauhalten in Geduld." Ohne Geduld verkümmert unsere Erwartung zum bloßen Wunschdenken.

„Geduld" kommt vom Wort „dulden" und hat also mit Leiden zu tun. Jesus verspricht zunächst Leiden: „Ich sage euch: Ihr werdet weinen und klagen, ... ihr werdet traurig sein" (Joh 16,20). Aber er sagt, diese Schmerzen seien *Geburts*schmerzen. Und so wird das, was sich wie ein Hemmnis vor uns stellte, zum Weg; was sich als Hindernis auftürmte, öffnet sich als Tür; was querzustehen schien, erweist sich als Eckstein. Jesus verwandelt unsere Geschichte: Was wie eine unzusammenhängende Ansammlung trauriger Vorfälle und Begebenheiten aussah, wird in seinem Licht zu einer systematischen Anleitung, unser Herz zu ändern. Wenn wir also in Geduld warten, gereicht uns unser Weinen und Klagen zur Läuterung; es bereitet uns auf den Empfang der Freude vor, die uns versprochen ist.

Vor einigen Jahren unterhielt ich mich mit einem alten Professor an der Universität von Notre Dame.

Im Rückblick auf sein langes Leben als Lehrer sagte er mit einem humorvollen Augenzwinkern: „Ich habe mich immer beklagt, dauernd bei der Arbeit an dem, was ich als mein Werk betrachtete, unterbrochen zu werden, bis mir nach und nach aufgegangen ist, daß in Wirklichkeit diese Unterbrechungen mein Werk dargestellt haben."

Darin besteht die grundlegende Bekehrung in unserem Leben: einzusehen und zu glauben, daß die vielen unerwarteten Ereignisse in unserem Leben nicht bloß störende Unterbrechungen der Verfolgung unserer eigenen Vorhaben sind, sondern daß sie das Mittel sind, mit dem Gott unser Herz formt und es auf seine Wiederkunft vorbereitet. Wenn unsere eigenen Pläne durchkreuzt werden, reagieren wir meistens mit Gleichgültigkeit oder mit Verbitterung. Wenn uns vom schlechten Wetter ein Strich durch unsere wunderschöne Rechnung gemacht wird; wenn uns Krankheit oder Unglück unsere vorgesehene Laufbahn verderben; wenn innerer Aufruhr unseren Seelenfrieden durcheinanderbringt; wenn ein neuer Krieg unsere Hoffnung auf Frieden zuschanden macht; wenn eine ständige Wachablösung unser Bedürfnis nach einer stabilen Regierung nicht befriedigt; und wenn der wirkliche Tod unsere Sehnsucht nach Unsterblichkeit zuschanden macht, dann sind wir versucht, uns entweder in eine lähmende Gleichgültigkeit versinken zu lassen oder mit gewalttätiger Verbitterung zurückzuschlagen. Doch wenn wir fest daran glauben, daß die Geduld uns in unserer Haltung der Erwartung verstärken kann, dann wandelt sich unser Schicksal zur Berufung; unsere Wunden werden zur Begabung, andere tiefer zu verstehen, und unsere Traurigkeit wird zum Geburtsort der Freude.

Ich kenne einen Mann in mittleren Jahren, dessen Laufbahn jäh unterbrochen wurde, als man bei ihm Leukämie feststellte, einen schlimmen Blutkrebs. Seine ganzen Lebenspläne zerrannen, er mußte völlig neue Wege einschlagen. Aber nach und nach brachte er es fertig, sich nicht mehr die Frage zu stellen: „Warum hat das gerade *mich* getroffen? Was habe ich falsch gemacht, um dieses Schicksal zu verdienen?", sondern statt dessen zu fragen: „Welche Verheißung steckt hinter dieser Fügung?" Als aus seinem Aufbegehren ein neues Suchen geworden war, spürte er, wie ihm die Kraft zufloß, anderen Krebskranken Mut und Hoffnung zuzusprechen. Indem er seine Lage voll angenommen hatte, konnte er sein Leiden in eine Heilquelle für andere umwandeln. Bis heute ist dieser Mann imstande, nicht nur vielen Patienten mehr zu schenken, als es viele Seelsorger tun können, sondern er hat auch sein Leben auf einer Ebene wiedergefunden, die ihm vorher völlig unbekannt gewesen war.

## *Erwartung als eine Form der Freude*

Während die Geduld die Mutter der Erwartung ist, bringt die Erwartung ihrerseits neue Freude in unser Leben. Jesus hat uns nicht nur angeleitet, uns unsere Leiden vor Augen zu halten, sondern er hat uns auch angewiesen, über sie hinauszusehen. „Jetzt seid ihr traurig. Aber ich werde euch wiedersehen. Da wird euer Herz sich freuen" (Joh 16,22). Ein Mensch ohne Hoffnung für die Zukunft kann nicht schöpferisch in der Gegenwart leben. Das Paradoxe an der Erwartung ist, daß jemand, der an das Morgen glaubt, besser im Heute leben kann; daß jemand, der darauf wartet, wie aus der Traurigkeit Freude aufbricht, mitten im alten Leben das Keimen eines neuen Lebens wahrnehmen kann; und daß jemand, der Ausschau nach dem wiederkommenden Herrn hält, ihn schon jetzt ganz nah bei sich entdecken kann.

Wir alle wissen, wie ein Brief einen Tag völlig verwandeln kann. Wenn man die Menschen beim Öffnen ihrer Briefkästen beobachtet, kann man erleben, wie ein kleines Stück Papier den Ausdruck eines Gesichtes völlig verändert, einen gebeugten Rücken aufrichten, einen verdrossen verzogenen Mund zu einem fröhlichen Pfeifen umformen kann. Der Tag kann genau so öde bleiben wie der Tag zuvor, die Arbeit genau so ermüdend. Aber der Brief in deinem Briefkasten, in dem steht, daß dich jemand gern hat und daß sich jemand darauf freut, dich wiederzusehen, daß jemand unbedingt bei dir sein möchte oder daß jemand verspricht, bald zu kommen, läßt ihn völlig anders werden.

Ein Leben, dessen Grundzug die Erwartung ist, ist wie ein Leben, in dem wir einen Brief erhalten haben; einen Brief, der den geliebten Menschen, der uns so sehr gefehlt hat, schneller wieder zu uns bringt, als wir uns je zu wünschen gewagt hätten. Die Erwartung senkt mitten in unsere Traurigkeit den Keim der Freude, läßt mitten in unserer Sehnsucht den gegenwärtig werden, den wir lieben. Der Geliebte, der in der Vergangenheit bei uns war und in der Zukunft wieder zu uns kommen wird, wird in jenem kostbaren Augenblick für uns gegenwärtig, in dem sich Erinnerung und Hoffnung die Hand reichen. In diesem Augenblick erkennen wir, daß wir nur deshalb imstande sind, jemand zu erwarten, weil er uns schon berührt hat.

Ein Student aus Kalifornien, der sich von vielen guten Freunden trennen mußte, weil er eine Schule an der weit entfernten Ostküste besuchen sollte, hat mir neulich gesagt: „Die Abreise ist mir sehr schwergefallen; aber ohne Abschied mit Schmerzen gibt es auch kein Wiedersehen mit Freude." Und so wurde ihm seine Traurigkeit im September zur Freude vor Weihnachten.

Ist Gott anwesend oder abwesend? Wir können jetzt vielleicht sagen: Im innersten Kern unserer Trauer darüber, daß er abwesend ist, können wir die ersten Zeichen seiner Anwesenheit finden. Mitten in unserer Sehnsucht entdecken wir die Fußspuren dessen, der uns diese Sehnsucht eingeprägt hat. Wenn wir voller Glauben in der Erwartung des Geliebten leben, geht uns auf, wie sehr er schon mitten in unserem Leben da ist. Wie die Liebe einer Mutter zu ihrem Sohn wachsen kann, während sie wartet, bis er wieder heim kommt, und wie Liebende sich auch nach langen Zeiten der Trennung sofort wiederfinden, so kann auch unsere innerste Beziehung zu Gott in der Zeit tiefer und reifer werden, in der wir geduldig in der Erwartung seiner Wiederkunft leben.

### Schlußgedanke

„Eine kleine Weile, und ihr seht mich nicht mehr; und wieder eine kleine Weile, und ihr werdet mich sehen" (Joh 16, 19).

Wir leben in dieser kleinen Weile. Wir können in ihr schöpferisch leben, wenn wir sie aus dem Alleinsein heraus leben, das heißt in innerer Freiheit von den Ergebnissen unserer Arbeit, und wenn wir sie im Da-Sein mit anderen leben, das heißt, wenn wir mit denen weinen, die weinen und klagen. Die Erwartung der Wiederkunft des Herrn gestaltet unser Alleinsein und unser Da-Sein für andere um: Alles wird für uns zur Vorbereitung auf den Tag der grenzenlosen Freude.

Wir bringen das zum Ausdruck, wenn wir unter dem Zeichen von Brot und Wein Danksagung feiern. Wir essen dieses Brot nicht, um unseren Hunger zu stillen, und wir trinken diesen Wein nicht, um unseren Durst zu löschen. Wir essen nur ein winziges Stück Brot und trinken nur einen winzigen Schluck Wein, weil wir wissen, daß Gott gegenwärtig ist als der, der schon gekommen ist, aber immer noch kommen muß; als der, der unsere Herzen angerührt, aber unsere Traurigkeit noch nicht ganz von uns genommen hat.

Wenn wir so gemeinsam ein wenig Brot und ein wenig Wein zu uns nehmen, dann tun wir das nicht als Menschen, die bereits am Ziel sind, sondern als Männer und Frauen, die einander beistehen können in der geduldigen Erwartung dessen, den wir schauen wollen. Dann, an jenem Tag, wird unser Herz voller Freude sein, voll von einer Freude, die uns niemand mehr nehmen kann.